É lamentável que a maioria dos livros sobre cura divina gravite em um extremo ou outro. Alguns argumentam que os crentes têm direito à cura completa em nossos dias, enquanto outros são tão céticos em relação às afirmações de cura que negam que ocorra. Este excelente e perspicaz livro de Stephen Seamands é um corretivo muito necessário para ambos os extremos. Ele é rigorosamente bíblico, pastoralmente sensível, e faz um excelente trabalho ao vincular o ministério de cura de Jesus ao reino de Deus e ao *já/ainda não* da vida no tempo atual. Seamands não nos fornece respostas fáceis e simplistas e não evita o mistério do porquê tantos por quem oramos não são curados. E ele faz isso de uma forma que enche o leitor de expectativa cada vez que as mãos são impostas sobre os enfermos e a oração por sua cura é levada ao trono da graça. Se você ainda está procurando um livro sobre cura, pare. Leia este! Você não ficará desapontado.

SAM STORMS, PhD, Enjoying God Ministries

Quando Steve Seamands trata de cura, aborda o assunto a partir de décadas de reflexão guiada pelo Espírito, rigor acadêmico, ação prática e uma prova convincente de que Jesus ainda cura. É por isso que eu soube, assim que abri o índice, que este livro beneficiaria não apenas a mim, mas a toda a minha congregação. Quero que todos usem este livro para construir um ministério de cura vital, enraizado no amor de Deus. Que belo presente para o corpo de Cristo!

**CAROLYN MOORE, pastora líder da Mosaic Church
e autora de *When Women Lead***

Jesus ainda cura é uma pesquisa atraente e acessível sobre o ministério de cura de Jesus Cristo. Cristo curou os feridos no corpo e na alma e ainda cura hoje! É o amor e a compaixão de Deus que ainda movem seu coração para curar. Deus deseja restaurar a sua imagem em uma humanidade machucada. Esta é a mensagem do seu Reino. Dr. Seamands descreve as várias maneiras pelas quais Deus ainda cura hoje e que são tanto sobrenaturais quanto naturais. Cristo convida a igreja a participar de seu ministério de cura por intermédio do poder e da autoridade do Espírito Santo. Embora ele apresente a cura de maneira clara, concisa e convincente, Seamands reconhece a complexidade do mistério da cura. Por que nos perguntamos como alguns são curados e outros não? O autor não tem medo de enfrentar o dilema e oferece respostas honestas, orientação e segurança cuidadosas para aqueles que lutam por esse mistério. No geral, *Jesus ainda cura* é um chamado equilibrado, acessível, compassivo e bíblico para compreendermos melhor e ministrarmos a cura de Deus a um mundo ferido que precisa desesperadamente dela.

PETER J. BELLINI, professor de Renovação da igreja e Evangelização na Cátedra Heisel, no United Theological Seminary, Dayton, Ohio

Jesus ainda cura responde às perguntas que você faz a si mesmo sobre cura e ministério de cura. Este livro é bíblico, prático e experiencial. Ele é fruto dos trinta anos de experiência do dr. Steve Seamands e de seu envolvimento no ministério de oração por cura com feridos e pessoas machucadas. Este livro fornece um manual cristocêntrico para essa tarefa vital e prioritária da fé cristã e é uma leitura obrigatória para quem deseja compreender e implementar o ministério de cura a partir de um contexto bíblico, de uma abordagem equilibrada e holística. Seamands aborda aspectos críticos sobre cura e ministério de cura a partir da perspectiva de um praticante, pastor e teólogo. *Jesus ainda cura* é um dos melhores livros que li para entender mais apuradamente a prioridade de cura no ministério de Jesus e nossa responsabilidade de viver essa prioridade hoje.

MATTHEW WHITEHEAD, bispo da Igreja Metodista Livre, EUA

Jesus é o Curador, siga-o! Dr. Seamands escreveu um livro muito acessível e útil sobre o ministério de cura. Apreciei a sólida abordagem bíblica dele para o tema, bem como suas histórias. Fiquei profundamente tocada pelo amor e humildade transparecidos no decorrer do livro e dos capítulos sobre sofrimento e mistério. Pretendo usá-lo em minhas aulas de cura em breve.

REV. CYNTHIA STRICKLER, diretora da Presbyterian Reformed Ministries International e diretora do PRMI's Courses on Healing and Deliverance Ministry

Eu recomendo fortemente Stephen Seamands, *Jesus ainda cura: fundamentos bíblicos e teológicos para o ministério de cura*. O livro não é apenas base bíblica e teologicamente sólida, mas também fornece sabedoria pastoral. Gostei de lê-lo e fiquei encorajado por sua sabedoria e discernimento.

DR. RANDY CLARK, presidente do Global Awakening Theological Seminary e criador da Christian Healing Certification Program, autor de *Power to Heal*; *Authority to Heal*; *The Healing Breakthrough*; *The Essential Guide to Healing* e *Anointed to Heal*

Conhecendo Steven Seamands e tendo lido seus livros anteriores, sabia que *Jesus ainda cura* seria biblicamente fundamentado, teologicamente correto e completamente equilibrado. O que eu não previ foi o grau em que eu seria pessoalmente impactado pelo Espírito Santo. Senti a presença do Cristo vivo enquanto lia e fui repetidamente envolvido no amor compassivo do Pai. Experimentei um despertar episódico, não apenas para o ministério de cura, por mais importante que seja, mas para o movimento do reino de Deus. Leia este livro e você verá sua fé em Cristo acender e receberá um santo convite para seguir Jesus em seu ministério de cura e restauração de pessoas machucadas, e tudo para a glória de Deus.

TERRY WARDLE, presidente do Healing Care Ministries

JESUS AINDA CURA

STEPHEN SEAMANDS
JESUS AINDA CURA

FUNDAMENTOS BÍBLICOS E TEOLÓGICOS PARA O **MINISTÉRIO DE CURA**

Copyright © 2023 por Stephen A. Seamands. Edição original por ZONDERVAN REFLECTIVE. Todos os direitos reservados.

Copyright da tradução © 2024 por Vida Melhor Editora LTDA. Todos os direitos reservados.

Título original: *Follow the Healer*

Todos os direitos desta publicação são reservados à Vida Melhor Editora Ltda. Nenhuma parte desta obra pode ser apropriada e estocada em sistema de banco de dados ou processo similar, em qualquer forma ou meio, seja eletrônico, de fotocópia, gravação etc., sem a permissão dos detentores do copyright.

As citações bíblicas são da Nova Versão Internacional (NVI), da Bíblia, Inc., a menos que seja especificada uma outra versão da Bíblia Sagrada.

PRODUÇÃO EDITORIAL	Gisele Romão da Cruz
TRADUÇÃO	Magno Paganelli
COPIDESQUE	Emanuelle Malecka
REVISÃO	Elaine Freddi
DESIGN DE CAPA	Rafael Brum
PROJETO GRÁFICO E DIAGRAMAÇÃO	Patrícia Lino

Dados Internacionais de Catalogação na Publicação (CIP)
(BENITEZ Catalogação Ass. Editorial, MS, Brasil)

S446j   Seamands, Stephen
1. ed.   Jesus ainda cura : fundamentos bíblicos e teológicos para o ministério de cura / Stephen Seamands ; tradução Magno Paganelli. – 1.ed. – Rio de Janeiro : Thomas Nelson Brasil, 2024.

192 p.; 13,5 × 20,8 cm.

Título original: *Follow the Healer*.
ISBN 978-65-5689-889-6

1. Cura pela fé – Cristianismo. 2. Fé e Graça. 3. Jesus Cristo –Ensinamentos. 4. Ministério cristão. 5. Princípios bíblicos. 6. Teologia cristã. I. Paganelli, Magno. II. Título.

03-2024/111   CDD 234.131

Índice para catálogo sistemático:
1. Cura pela fé : Cristianismo 234.131

Aline Graziele Benitez – Bibliotecária - CRB-1/3129

Os pontos de vista desta obra são de responsabilidade de seus autores e colaboradores diretos, não refletindo necessariamente a posição da Thomas Nelson Brasil, da HarperCollins Christian Publishing ou de suas equipes editoriais.

Thomas Nelson Brasil é uma marca licenciada à Vida Melhor Editora LTDA. Todos os direitos reservados à Vida Melhor Editora LTDA.

Rua da Quitanda, 86, sala 601A - Centro,
Rio de Janeiro/RJ - CEP 20091-005
Tel.: (21) 3175-1030
www.thomasnelson.com.br

A todos aqueles que, por sua amizade,
influência pessoal, exemplo e escritos,
me ensinaram sobre seguir o Curador:

Dan Allender, Neil Anderson, Randy Clark,
Larry Crabb, Andy Comiskey, Jack Deere, Don
Demaray, Chris Dunagan, Larry Eddings,
Anne Haley, Tommy Hays, Peg Hutchins,
E. Stanley Jones, Charles Kraft, Frank Lake,
Brad Long, Martin Mallory, Francis e Judith
MacNutt, Russ Parker, Leanne Payne, Mark
Pierson, David Seamands, A. B. Simpson,
Frank Stanger, Myra Stradt, Cindy Strickler,
Steve Stratton, Paul Tournier, Terry Wardle,
John e Charles Wesley, Tom White, Smith
Wiggleswort e John Wimber.

Sumário

Prefácio de J. D. Walt 13

1. Participando do ministério de cura de Jesus 19

2. A cura e o amor de Jesus 43

3. As cinco maneiras pelas quais Jesus cura 63

4. A cura e a imagem de Deus 91

5. Jesus, a cura e o reino de Deus 111

6. Abraçando o mistério da cura 129

7. Pelas suas feridas somos curados 149

8. O Espírito Santo e a cura 171

Prefácio

Deixe-me apresentar o dr. Steve Seamands. Conheci Steve há trinta anos, quando eu era um novato no seminário. Há várias décadas o conheço como teólogo, professor, mentor, pastor e amigo, e todos esses vários papéis se unem na longa e fiel participação de Steve no ministério de cura de Jesus e na missão de cura de sua igreja. Quando me tornei presidente e editor da Seedbed, comecei uma campanha para contratar Steve para escrever o livro que você agora tem em mãos.

A maioria dos livros sobre o ministério de cura que lemos hoje tenta nos convencer de que Jesus ainda cura as pessoas. Este livro pressupõe que isso seja verdade. O objetivo deste trabalho é dotar a igreja de uma teologia prática de cura — para entender a gama completa de modos *como* Jesus cura e como nós, enquanto seus agentes, podemos participar no ministério e na missão de Jesus por meio de nossa igreja local e nela, pelo bem do mundo.

Permita-me fazer uma declaração ousada e depois compartilhar duas histórias rápidas e um convite. Primeiro, minha declaração ousada: A igreja de Jesus Cristo é a principal agência de cura no mundo.

A minha primeira história é que jamais esquecerei do dia em que o falecido Francis McNutt visitou a capela do nosso seminário.

A igreja de
Jesus Cristo
é a principal
agência de cura
no mundo.

Prefácio

Ele veio, na tradição de Jesus, para ensinar, pregar e curar. McNutt, um ex-padre católico, dedicou sua vida e seu ministério à participação no ministério de cura de Jesus. Ele começou sua mensagem fazendo uma pergunta, pedindo que levantassem as mãos: "Quem nesta capela tem uma lembrança de sua infância quando estavam doentes e viram seus pais orando diretamente com eles e por eles pela cura?"

Havia mais de quatrocentas pessoas na sala, mas talvez apenas trinta mãos tenham sido levantadas. McNutt disse que fez essa pergunta em todos os lugares onde viajou e ministrou nas últimas três décadas, e a resposta em nosso seminário foi ligeiramente superior à média. Ele disse que, em média, não mais do que 10% das pessoas na igreja hoje têm qualquer lembrança de um pai orando por elas quando eram crianças e estavam doentes.

Aqui está a história número dois.

Em 11 de março de 2020, a Organização Mundial da Saúde declarou oficialmente o surto por covid-19 uma pandemia global. Poucos dias depois, em 15 de março, deu-se início ao fechamento de todas as instituições não essenciais. E, dentre as primeiras grandes instituições a serem fechadas para operações normais, estavam muitas igrejas cristãs.

Como é que a agência *central* de cura do planeta foi a primeira instituição a fechar as portas frente à pior doença que o mundo viu em gerações? Acredito que seja a mesma razão pela qual menos de 10% das crianças de lares cristãos se lembram de um pai orando por elas quando estavam doentes. Essa situação levanta uma pergunta que comecei a fazer aos médicos, enfermeiros e outros profissionais de saúde (incluindo profissionais de saúde mental) que tenho encontrado. Você já foi identificado, equipado, comissionado ou ungido pela igreja como alguém capaz de curar à maneira de Jesus? Você tem alguma ideia — comum, ocasional ou não — de que está sendo enviado pela igreja para cumprir sua vocação profissional como uma missão para curar em nome e na autoridade de Jesus? A sua igreja já orou com e por você como agente de Jesus, identificado ou designado para o cumprimento de sua vocação na profissão médica? Apesar de muitas orações para que Deus guie as mãos dos cirurgiões, ainda não encontrei um profissional de saúde que foi separado e ungido curador em nome de Jesus.

Felizmente, ainda hoje existe uma crença generalizada de que Deus cura. Mas parece haver pouquíssima confiança de que a igreja de Jesus Cristo tenha relação com essa cura. Não estamos enfrentando um déficit de fé no poder de Deus para curar; estamos confrontando a ausência de uma teologia prática de cura na igreja local.

E aqui está o convite. Não é para começar um grupo de oração de cura na sua igreja — por melhor que isso seja. Meu convite é plantar este livro, como uma semente, na sua alma, em seu coração, como esperança para a sua igreja e cidade. Este livro tem como objetivo suscitar novas gerações de cristãos para seguirem Jesus, o Curador e Médico dos médicos, e assim se tornarem curadores em seu nome.

Portanto, um brinde aos pais que oram pelas crianças doentes (e vice-versa) — não como último recurso, mas como primeiros socorros. Oremos para que o altar de nossa igreja local seja regularmente preenchido por toda e qualquer pessoa que

Prefácio

trabalha na profissão e na indústria da saúde, para que orem, consagrem, sejam comissionados e haja nova unção por sua participação no ministério de cura de Jesus. Oremos pela recuperação da igreja como a agência central de cura no mundo. E, quando a próxima pandemia ocorrer — e acontecerá —, que a igreja esteja pronta para enfrentar esse momento de maneira que revele o Grande Médico supervisionando o ministério totalmente revestido e sobrenaturalmente engajado de sua igreja, abençoando o mundo com cura.

J. D. Walt
Semeador-chefe na Seedbed

CAPÍTULO UM

Participando do ministério de cura de Jesus

A cura desempenhou um papel essencial nos três anos do ministério terreno de Jesus. Na verdade, juntamente ao ensino e à pregação, a cura foi uma das suas três principais atividades. O Evangelho de Mateus resume o ministério de Jesus na Galileia assim: "Jesus percorreu todas as cidades e todos os povoados, *ensinando* nas suas sinagogas, *proclamando* as boas novas do reino e *curando* todas as doenças e enfermidades" (9:35; cf. 4:23-24, ênfase acrescentada).

Jesus não apenas curou, mas insistiu que seus discípulos e seguidores curassem também. Enviando-os dois a dois, "deu-lhes autoridade para expulsar espíritos imundos e curar todas as doenças e enfermidades" (cf. Mateus 10:1), e ordenou--lhes: "Curem os enfermos, ressuscitem os mortos, purifiquem os leprosos, expulsem os demônios" (Mateus 10:8). E eles assim fizeram.

Mas o que aconteceu depois que Jesus morreu, ressuscitou e ascendeu ao céu? Seu ministério de cura teve um fim abrupto? Definitivamente não; ele apenas assumiu uma forma diferente. Agora, o ministério de cura de Jesus, tal como o seu ministério de pregação e ensino, continua na terra por intermédio do seu corpo, a igreja.

No entanto, o que isso significa exatamente para nós hoje? Como deveria ser o ministério de cura cristão? Como podemos fazer isso? Que formas e expressões deveriam assumir? Além disso, como o avaliamos? E como determinamos se o ministério de cura em que estamos envolvidos está de acordo com o que Jesus pretendia?

Por mais de trinta anos, estive envolvido no ministério de oração por cura de pessoas quebrantadas e feridas. Para compartilhar meu conhecimento e experiências, escrevi um livro sobre cura emocional.[1] Mais tarde, comecei a dar aulas sobre Teologia e prática da cura no Asbury Theological Seminary. Minha experiência convenceu-me de que, além da significativa formação prática e instrução de que necessitamos, no ministério de cura, também precisamos de fundamentos bíblicos e teológicos para sustentar e informar a nossa prática.

Simon Sinek escreveu um livro best-seller influente sobre liderança, no qual incentiva os líderes a "começar com o porquê", pois, "se

---

[1] Stephen Seamands. *Wounds That Heal:* Bringing Our Hurts to the Cross. Downers Grove: InterVarsity Press, 2003.

você não sabe POR QUE, não pode saber COMO."[2] Acredito que essa premissa também é válida para aqueles de nós envolvidos no ministério de cura. Os procedimentos são muito importantes. Contudo, é imperativo começar com os porquês, pois, em última análise, estejamos conscientes disso ou não, eles moldarão profundamente como fazer. Muitas dificuldades, decepções e distorções no ministério de cura resultam da falha em começar com os porquês. Portanto, eles são o foco deste livro.

Você pode ter vasta experiência no ministério de cura ou ser apenas iniciante; pode ser pastor ou líder leigo que sente uma necessidade crescente de ministério de cura em sua igreja. Você pode ser líder de um grupo pequeno, ministro de intercessão ou alguém que simplesmente deseja aprender mais sobre cura em geral. Meu desejo é apresentar-lhe, de maneira clara e acessível, fundamentos bíblicos e teológicos essenciais sobre os quais você possa construir um ministério de cura, independentemente do seu nível de experiência ou interesse. Pretendo mostrar-lhe o impacto profundo que esses porquês podem ter na sua prática de cura.

Deixe-me esclarecer que este é um livro sobre cura *cristã*, não sobre cura em geral. Faço parte da tribo cristã — a tribo pan-wesleyana (anglicana, metodista, santidade, pentecostal, carismática, da terceira onda) — que cresceu a partir do ministério de John e Charles Wesley. A cura desempenhou um papel importante na compreensão deles sobre a mensagem cristã. Na verdade, muitos dos seus conhecimentos e práticas relacionados

---

[2] Simon Sinek. *Start with Why*: How Great Leaders Inspire Everyone to Take Action. Londres: Penguin, 2009. p. 70, ênfase no original.

O ministério de cura para o qual somos chamados não é, sobretudo, o *nosso* ministério, mas o de Cristo.

com a cura são relevantes e aplicáveis hoje. Mencionarei alguns deles ao longo do caminho. No entanto, embora eu escreva a partir de uma perspectiva wesleyana, a minha principal preocupação é encorajar o ministério de cura entre todos os cristãos em todo o mundo.

De quem é esse ministério?

Chega de introdução. Vamos começar. Eu afirmei que o ministério de cura de Jesus não terminou quando ele ascendeu ao céu; apenas assumiu uma forma diferente. O seu ministério de cura, tal como o seu ministério de ensino e pregação, continua por intermédio dos seus seguidores, por intermédio do seu corpo, a igreja. Contudo, não se esqueça de observar isto: é o ministério *dele* que continua.

O fundamento bíblico e teológico que discuto neste capítulo é tão crucial e essencial, mas tão óbvio, que muitas vezes o ignoramos. Aqui está: o ministério de cura para o qual somos chamados não é, sobretudo, o *nosso* ministério, mas o de Cristo. O que somos chamados a fazer é participar do ministério de cura *contínuo* de Jesus Cristo.

Lucas enfatizou isso logo no início do livro de Atos. Em seu primeiro livro (o Evangelho de Lucas), ele disse que escreveu sobre "tudo o que Jesus *começou a fazer e a ensinar*" (cf. Atos 1:1, ênfase acrescentada). Observe que ele não disse "tudo o que Jesus fez e ensinou" como poderíamos esperar. Isso porque Lucas estava convencido de que o ministério de Jesus na terra não terminou quando ele ascendeu ao céu. Na realidade, a razão pela qual Lucas escreveu esse segundo livro, Atos, foi para contar a história do ministério contínuo de Jesus por meio de seus apóstolos e seguidores.

Portanto, esta frase aparentemente insignificante — "tudo o que Jesus começou a fazer e a ensinar" — é, na verdade, extremamente significativa. De acordo com John Stott, "destaca o cristianismo de todas as outras religiões."[3] Considera-se que seus fundadores, como Maomé, Buda ou Confúcio, completaram seu ministério durante a vida. Lucas, no entanto, disse: "Jesus apenas começou o seu."

Jesus ressuscitou dos mortos. Ele agora está mais vivo do que nunca. E a sua ressurreição não significou apenas a ressurreição do seu corpo; também significou a ressurreição *de seu ministério*. Ele também ascendeu ao céu para que agora, pelo poder do Espírito Santo, seja capaz de preencher todos os tempos e lugares com a sua presença real.[4]

De forma alguma, então, Jesus foi colocado na prateleira. Ele é muito mais do que nosso líder de torcida no céu, espera que cumpramos o ministério corretamente. Jesus tem seu próprio ministério ressuscitado e ascensionado de ensino, pregação e cura para realizar. E ele pretende fazer isso por meio de nós — seu corpo, a igreja.

Entretanto, nunca se esqueça de que Jesus é o ator principal no ministério. *Somos chamados a participar no seu ministério contínuo de cura, a juntar-nos a ele em seu ministério, em vez de lhe*

---

[3] John R. W. Stott. *The Message of Acts*. Downers Grove: InterVarsity Press, 1990. p. 34
[4] Escrevi sobre isso em *The Unseen Real*, Franklin: Seedbed, 2016.

pedir que nos ajude a realizar o nosso. Ele é o Curador — não nós. Nosso trabalho é seguir o Curador.

Devido à nossa tendência profunda, como seres humanos caídos, de nos colocar no centro de tudo, de tornar as coisas sobre nós mesmos, devemos ser constantemente lembrados disso. Então vou repetir: o ministério de cura não é, sobretudo, o seu ministério. Não se trata de Jesus o ajudar enquanto você ministra aos outros; trata-se de você se juntar a ele enquanto ele continua o ministério de cura por seu intermédio. Depois de mais de trinta anos de envolvimento no ministério de oração por cura, estou mais convencido disso do que nunca. No entanto, quantas vezes me esqueço e ainda preciso ser lembrado!

Por que isso é tão importante

Essa verdade fundamental sobre o ministério de cura tem profundas implicações práticas. Vou contar sobre quatro delas. Primeiro, *molda a forma como oramos*, à medida que nos envolvemos no ministério de cura. Ao nos prepararmos para o ministério de cura, frequentemente fazemos orações do tipo "Senhor, ajuda-me". Por exemplo: "Deus, eles me pediram para orar com as pessoas que se apresentam para pedir por cura durante o culto de comunhão neste domingo na igreja. O Senhor poderia me ajudar enquanto oro por eles?"

Com certeza, não há nada de errado com orações do tipo "Senhor, ajuda-me". Existem muitas na Bíblia, especialmente em Salmos. No entanto, quando você percebe que se trata mais de se juntar a Jesus do que de contar com a ajuda dele, então é melhor orar: "Senhor, *toma-me* em tuas mãos. Senhor, *usa-me*. Tu estás trabalhando aqui. O que queres dizer ou fazer? Permita que eu me junte ao Senhor. Não me deixes atrapalhar o que estás fazendo."

Certa vez, alguém perguntou a Madre Teresa o segredo do seu ministério incrível e inspirador entre os doentes e moribundos em Calcutá. "Sou apenas um pequeno lápis nas mãos de Deus", ela respondeu imediatamente. "Ele pensa. Ele escreve. Ele faz tudo e às vezes é difícil porque sou um lápis quebrado e ele tem de apontar um pouco mais."[5]

Madre Teresa entendeu que seu trabalho era ser um lápis — e observe que ela disse um lápis *pequeno*, não um lápis grande. Ela estava disposta a ser pequena. E também entendeu que era função de Deus pensar e escrever.

Como Madre Teresa, compreender de quem é o ministério molda a maneira como oramos em preparação para o ministério de cura. Oramos: "Senhor, toma-me em tuas mãos. Ajuda-me a ser simplesmente um pequeno lápis. Embora eu seja inconveniente e quebrado, usa-me para realizar teu trabalho."

Em segundo lugar, e talvez o mais importante, compreender de quem é o ministério *nos alivia do fardo do ministério*. Pois, se, de fato, é o ministério de cura de Cristo, então, em última análise, ele é o responsável. É o fardo dele, não nosso. Não precisamos conduzir o ministério. Ele o conduz. Nossa tarefa é apenas deixar que isso aconteça.

---

[5] Mother Teresa. *The Joy in Loving*. Nova York: Penguin Compass, 1996.

Estamos propensos a assumir o fardo do ministério sobre nós mesmos por presumir que tudo depende de nós. Sempre que o fazemos, sobrecarregamo-nos com um fardo pesado que não fomos concebidos para carregar. O jugo de Jesus é suave e seu fardo é leve (cf. Mateus 11:30). Saber que o ministério de cura é um fardo dele, não nosso, traz alegria e descanso à nossa alma (cf. Mateus 11:29).

Uma líder cristã que estava em uma aula que dei há vários anos compartilhou comigo a diferença que fez quando ela começou a compreender isso. Veja como ela descreve o que aconteceu:

> Trabalho em um hospital de saúde mental como conselheira clínica. No passado, minha oração, ao entrar no trabalho, era sempre pedir a Cristo que guiasse minha vida e meu ministério, ajudando-me a ser um veículo em vez de uma barreira. Durante uma semana, orei para que Cristo me permitisse acompanhá-lo, pedi-lhe que me enchesse do Espírito Santo e me permitisse pegar carona no seu ministério.
>
> Foi o tempo mais emocionante com os resultados mais surpreendentes! A ansiedade que eu normalmente sentia ao entrar no prédio desapareceu. Eu sorri e senti um poder ao meu redor que parecia imparável. Os meus colegas me responderam de maneira diferente, muitas vezes pediram orientação ou consultas. E os pacientes prosperaram.
>
> Meus dias foram preenchidos com algo maior do que eu jamais poderia ter imaginado. Eu gostava de ir trabalhar. Minha jornada se tornou maior do que eu, porque era maior do que eu. Eu estava acompanhando Jesus por meio

do Espírito Santo. Essa jornada externa fazia uma diferença incrível na minha vida e na vida de meus pacientes.

Toda a mudança me levou a uma promoção a supervisora. Meus sete dias se transformaram em uma abordagem contínua ao ministério.

Certamente não posso lhe garantir uma promoção, mas posso garantir que sua carga será mais leve, e estar com você será mais prazeroso e agradável! Saber de quem é o ministério significa saber de quem é o fardo — de Jesus, não nosso. Em última análise, não somos nós os responsáveis. Não precisamos liderar ou curar. Nós apenas devemos seguir o Líder e o Curador.

Em terceiro lugar, compreender que a cura é uma participação no ministério de cura contínuo de Cristo *aumenta a nossa confiança e ousadia enquanto ministramos*. Pense desta forma: toda vez que entramos em um lugar para fazer uma oração por alguém no ministério de cura, podemos ter certeza de que o Cristo ressuscitado está conosco. Na verdade, ele chegou lá antes de nós e espera que nos juntemos a ele.

O anjo no túmulo vazio na manhã de Páscoa orientou as mulheres a dizerem aos discípulos: "Ele está indo adiante de vocês para a Galileia. Lá vocês o verão, como ele disse a vocês" (cf. Marcos 16:7). Algo semelhante acontece quando nos envolvemos no ministério da oração de cura. Aprendemos a reconhecer a presença daquele que já está lá.

Em seu maravilhoso livro *The Healing Presence* [A presença curadora], Leanne Payne captou bem essa ideia:

É ele quem vem e cura. É ele quem faz amizade com o pecador, liberta o cativo e cura a mente e o corpo do coxo... Aprendemos a praticar a presença de Jesus dentro (nosso corpo é templo do Espírito Santo), fora (ele caminha ao nosso lado como Companheiro e Irmão) e ao redor (ele é alto e exaltado, e nós o exaltamos como Deus soberano). [...] E pedimos a ele que ame o mundo por meio de nós. Aprendemos a colaborar com ele. Fazemos o que o vemos fazer [...] simplesmente confiamos em sua presença conosco.[6]

Saber que Jesus está presente conosco e que nos encontrará também nos permite abordar o ministério com maior confiança — não em nós mesmos, mas em quem Jesus é e no que ele deseja fazer.

Anos atrás, quando comecei a me dedicar à oração de cura, estava ministrando à esposa de um seminarista. Ao ouvi-la desvendar a história sórdida e confusa de sua vida, senti-me oprimido. Havia tantos traumas, dor e bagagem, tantos problemas complicados e questões emocionais para lidar, tantas camadas que precisavam de cura! Como resultado, orei desesperadamente: "Senhor, não tenho ideia de onde começar. Mas eu sei que tu sabes. O Senhor tem trabalhado na vida dela e está aqui agora. Vem agora e revela-te a ti mesmo e a tua presença em nosso meio."

Não consigo me lembrar do que disse, das perguntas que fiz ou mesmo se disse alguma coisa, mas, antes que eu percebesse,

---

[6] Leanne Payne. *The Healing Presence*. Westchester: Crossway, 1989. p. xv-xvi.

A chave para um ministério frutífero de oração de cura é estar aberto e disponível ao Cristo ressuscitado.

Jesus respondeu à minha oração. Ele entrou na situação, revelou-se a ela e apontou o lugar exato onde ela precisava começar sua jornada de cura. Quarenta e cinco minutos depois, ao sair do meu consultório, ela me agradeceu jubilante pelo quanto eu a ajudei.

Depois que ela saiu, fiquei ali sentado, atordoado e em silêncio, balançava a cabeça, admirado com o que acabara de acontecer. "Senhor," perguntei, "como isso aconteceu? Eu não fiz nada!" "Sim, você fez isso", Jesus pareceu sussurrar. "Você se colocou à minha disposição. Você me convidou para vir e, quando o fiz, não atrapalhou".

A chave para um ministério frutífero de oração de cura é estar tão aberto e disponível ao Cristo ressuscitado que ele tenha liberdade para se manifestar enquanto você ouve, aconselha e ora com as pessoas. Saber que fomos convidados a participar do ministério dele aumenta a nossa confiança e expectativa. Ele realmente quer aparecer! Muitas vezes, depois de orar com alguém, saio pensando, "Jesus, nossa equipe de oração não sabia o que estávamos fazendo hoje! Mas, de alguma forma, decidimos fazer exatamente o que era certo. A maneira como nos revelaste como orar, a maneira como manifestaste tua presença em nosso meio — o teu desejo de que aquela pessoa experimentasse a cura era muito maior do que o nosso!"

Em quarto lugar, lugar, compreender de quem é o ministério *determina a nossa vocação principal*. Permanecer em Cristo, não no ministério de cura, é o que mais importa. Como Jesus enfatizou na parábola da videira e dos ramos (cf. João 15:1-8), os ramos somente dão fruto quando permanecem na videira. "Se alguém permanecer em mim, e eu permanecer nele, esse dará muito fruto, pois sem mim vocês não podem fazer nada" (v. 5). Quando fizermos da permanência nele a nossa prioridade, o próprio Jesus virá e habitará em nós. E então ele realizará seu ministério de cura por nosso intermédio.

Muitas vezes, quando reservo um tempo pela manhã para permanecer em Cristo por meio da oração, da leitura devocional e da meditação nas Escrituras, penso em um encontro de oração de cura que terei com alguém mais tarde naquele dia. Nesses casos, minha tendência natural tem sido orar: "Senhor, ajuda-me quando me encontrar com fulano de tal. Dá-me estratégia para nosso tempo juntos. Tu tens alguma palavra que desejas que eu transmita a ele? Fala, Senhor, estou ouvindo agora. Mostra-me o que queres que eu faça e diga."

Na maioria das vezes não ouço nada. Em vez de responder minha oração, Jesus parece dizer: "Steve, não se preocupe com esse compromisso agora. Apenas concentre-se em mim e em seu relacionamento comigo. Permaneça em mim. Na verdade, eu realmente me importo mais com isso do que com qualquer coisa que você possa fazer por mim, Steve. Então, habite em mim, me adore e me ame. Receba meu amor por você. Entre na alegria do meu descanso."

Descobri que, quando me concentro nisso — quando me concentro mais em permanecer em Cristo e menos em pedir ajuda em relação ao que está por vir —, então, na sessão de oração de cura, ele tem mais liberdade e vem e realiza seu trabalho de cura por meu intermédio. Como Paulo expressou tão lindamente em sua carta aos Colossenses: "A estes Deus quis fazer conhecida a gloriosa riqueza deste mistério entre os gentios, que é: Cristo em vocês, a esperança da glória." (Colossenses 1:27).

Permanecer em Cristo é o nosso chamado principal. E Jesus prometeu que, se permanecermos nele, ele permanecerá em nós e daremos frutos (cf. João 15:4-5). É por isso, claro, que as várias práticas ou disciplinas espirituais, ou "meios de graça", como John Wesley gostava de chamar, são tão vitais e indispensáveis. Por mais numerosos e variados que sejam, todos são formas de permanecer em Cristo.

Acredito que você esteja começando a perceber por que é tão importante entender de quem é o ministério em que está entrando. Saber que é essencialmente o ministério de Jesus e não o nosso molda a forma como oramos, alivia-nos do fardo do ministério, aumenta a nossa confiança na sua presença curadora e determina a nossa vocação principal.

O tríplice padrão do ministério de Jesus

O ministério de oração por cura é verdadeiramente um ministério de trabalho em grupo em que Jesus lidera e nós o seguimos. Hoje, fazemos parceria com ele em seu ministério de cura contínuo. Além do mais, à medida que seguimos o Curador, os três movimentos principais no ministério terreno de Cristo fornecem-nos um padrão básico abrangente que define e molda a nossa prática de cura.

O apóstolo Paulo descreveu sucintamente esses movimentos em Filipenses 2:5-11. A maioria dos estudiosos concorda que essa é uma das passagens mais significativas relativas à vida e

Permanecer em Cristo é o nosso chamado principal.

ao ministério de Jesus no Novo Testamento. Os três movimentos descritos pelo apóstolo — encarnação, crucificação e ressurreição — são tão centrais para a nossa fé que as principais épocas do ano eclesial — Advento, Quaresma e Páscoa — giram em torno deles. Eles também nos fornecem um padrão abrangente para o nosso envolvimento na prática da oração de cura. Conforme o ministério de Cristo continua no mundo hoje, ele geralmente segue o mesmo padrão — no presente — como seguiu em seus dias — no passado.

Consideremos, portanto, os três movimentos que Paulo expôs nessa passagem e como eles se desenvolvem no contexto do ministério de cura.

1. Encarnação

> [...] que, apesar de ser Deus,
> não considerou que a sua igualdade com Deus era
> algo que deveria ser usado como vantagem;
> antes, esvaziou-se a si mesmo,
> assumindo a forma de servo,
> tornando-se semelhante aos homens (Filipenses 2:6-7).

Paulo disse que Jesus, o eterno Filho de Deus, esvaziou-se de sua legítima reivindicação à divindade. Para se identificar plenamente conosco em nossa humanidade, ele assumiu um corpo humano e experimentou todas as limitações humanas. Ele habitou entre nós (cf. João 1:14), compartilhou nossa culpa e nosso sofrimento. Ele se tornou Emanuel — Deus conosco — olho no olho, coração no coração.

Como resultado, pela encarnação de Cristo, toda a extensão do amor de Deus e a afirmação da humanidade foram reveladas. Pois, ao assumir a semelhança da carne pecaminosa (cf. Romanos 8:3), e unir-se à humanidade caída na pessoa de seu Filho, Deus estava, na verdade, declarando: "Embora você seja pecador e caído, escolho não rejeitá-lo ou destruí-lo. Eu acredito tanto em você que estou me tornando como você. Estou comprometido com você e vou redimi-lo."

Pela encarnação, então, aprendemos a afirmação de Deus, o seu retumbante "Sim!" à humanidade. E, por meio do ministério da oração de cura, Deus deseja transmitir essa afirmação às pessoas que dela necessitam. Jesus trabalha por nosso intermédio para estar ao lado das pessoas, criar uma atmosfera de confiança e segurança e nutrir um relacionamento de amor e aceitação.

Construir uma ponte relacional positiva e de coração entre Jesus, nós mesmos e aqueles que precisam de cura fornece o contexto necessário para o ministério de cura. Sem esse primeiro passo essencial, um trabalho profundo de cura não acontecerá. Como Brad Long e Cindy Strickler insistem com razão: "Tudo começa com um relacionamento entre Jesus e a pessoa. Sem essa relação, todo o amor e poder de Deus são impotentes para curar as feridas escondidas no coração humano."[7]

Reservar tempo para as pessoas, envolvê-las em conversas, dar-lhes contato visual, ouvi-las ativamente, oferecer-lhes aceitação

---

[7] Brad Long e Cindy Strickler. *Let Jesus Heal Your Hidden Wounds*. Grand Rapids: Chosen, 2001. p. 37.

incondicional e sem julgamento, expressar empatia genuína, deixá-las saber que as valorizamos — esses são os alicerces dessa ponte relacional indispensável. Por meio de nós, Jesus diz: "Estou aqui ao seu lado e ouço você. Eu amo, aceito e valorizo você, e quero ajudá-lo."

2. Crucificação

Sendo encontrado em figura humana,
humilhou-se
e foi obediente até a morte
e morte de cruz! (Filipenses 2:8)

Jesus identificou-se com a condição humana até o ponto de sofrer uma morte vergonhosa, horrível e violenta na cruz. De acordo com o profeta Isaías, Cristo morreu por causa do nosso pecado. Foi ferido pelas nossas transgressões e moído pelas nossas iniquidades. Carregou nossos sofrimentos e enfermidades, a culpa e a maldição do nosso pecado (cf. Isaías 53:3-5).

Além disso, por sua morte, a gravidade do nosso pecado é totalmente exposta. Nossa rebelião contra Deus é tão profunda e intensa que mataríamos a Deus se pudéssemos. O julgamento divino sobre o pecado humano — separação e morte — é também claramente revelado na cruz.

Em contraste direto com a encarnação de Cristo, que revela o sim de Deus à humanidade, a sua crucificação revela o não à rebelião e ao pecado humanos. No seu abandono, quando gritou: "Meu Deus! Meu Deus! Por que me abandonaste?" (cf. Marcos 15:34), o próprio Jesus experimentou a profundidade e a força dessa negativa, da condenação de Deus à humanidade pecadora e caída.

Por meio do ministério da oração de cura, Jesus também nos convida a confrontar a realidade e encarar a verdade sobre os pecados e o sofrimento que experimentamos pessoalmente. Jesus não vai curar aquelas coisas que insistimos em esconder dele. Cristo insiste que enfrentemos a dor e abracemos o sofrimento como ele fez ao suportar a cruz. No entanto, não teremos de percorrer esse caminho sozinhos, porque o próprio Jesus promete caminhar conosco, por mais doloroso ou escuro que seja o caminho na jornada de cura.

Esse caminho pode incluir uma série de passos difíceis, mas necessários, como romper a negação, revisitar memórias dolorosas, assumir a nossa raiva profunda, superar os medos, admitir os fracassos e a culpa, abandonar estratégias confortáveis de proteção, lamentar as nossas perdas, perdoar aqueles que cometeram injustiças contra nós e até nos levaram à depressão. Na oração de cura, à medida que caminhamos com as pessoas e as ajudamos a entrar lentamente em lugares tão escuros, Jesus caminha com elas e comunica a sua força e a sua presença por intermédio de nossa vida.

3. Ressurreição

Por isso, Deus o exaltou à mais alta posição
e lhe deu o nome que está acima de todo nome,
para que ao nome de Jesus todo joelho se dobre
nos céus, na terra e debaixo da terra

e toda língua confesse que Jesus Cristo é o Senhor para a glória de Deus Pai (Filipenses 2:9-11).

Jesus, que foi condenado à morte, agora foi ressuscitado por Deus para uma nova vida e recebeu o nome acima de todo nome. O amor de Deus pela criação caída e pela humanidade é, portanto, mais forte que a morte. Pelo milagre da ressurreição, Deus cura e recria. O velho passou, todas as coisas se tornaram novas. Por causa da ressurreição de Cristo, surge uma nova criação.

Assim, a vontade de Deus para o mundo caído é claramente revelada. Ele deseja curar sua criação ferida e fazer novas todas as coisas. No meio do velho mundo de decadência e morte, a ressurreição surgiu como uma realidade viva no presente e como o futuro prometido de um novo céu e uma nova terra (Apocalipse 21–22).

No ministério da oração de cura, frequentemente testemunhamos o desencadeamento do poder da ressurreição de Cristo. Assim como apareceu aos dois homens no caminho para Emaús (cf. Lucas 24:13-35), o Cristo ressuscitado vem e encontra-nos de maneira profunda. A cura física, emocional e espiritual acontece diante dos nossos olhos. Avanços ocorrem. A luz curativa flui para lugares escuros de nossa alma. As cadeias espirituais e emocionais se rompem. Corações partidos são reparados. Fortalezas demoníacas são destruídas. A libertação chega para os presos. Força para perseverar é transmitida. Relacionamentos quebrados são reparados. A identidade é estabelecida. Chamados são descobertos. Músicas são lançadas. A tristeza e o suspiro fogem (cf. Isaías 35:10).

Jesus não vai curar aquilo que insistimos em esconder dele.

Resumo

Na oração de cura, conforme participamos do ministério de cura de Jesus, encontramos esses três movimentos em desenvolvimento contínuo e constante fornecimento de um padrão para o nosso ministério. Esse padrão é o mesmo hoje: encarnação (afirmação), crucificação (confronto) e ressurreição (nova criação). Mencionei o encontro de Cristo ressuscitado com os dois homens no caminho de Emaús. Por ser um exemplo tão vívido desse padrão triplo, ao encerrar este capítulo, descreverei brevemente como ele se desenvolveu.

Encarnação (afirmação)

Jesus se aproximou dos dois discípulos abatidos e caminhou com eles, embora estes não o tivessem reconhecido. Ele se juntou à conversa, notou seus rostos abatidos, perguntou o que aconteceu para entristecê-los daquele modo. O Mestre ouviu com empatia enquanto eles contavam dolorosamente sobre como suas esperanças haviam sido frustradas quando Jesus de Nazaré, o homem que eles estavam convencidos de ser o Messias, fora crucificado (cf. Lucas 24:15-24).

Crucificação (confronto)

Pode ter sido difícil e perturbador, outro golpe no coração já decepcionado desses homens, mas Jesus achou necessário confrontá-los. Ele os conduziu pelas Escrituras do Antigo Testamento e questionou suas falsas expectativas sobre o

Jesus ainda cura

Messias: "Como vocês custam a entender e como demoram para crer [...]! Não devia o Cristo sofrer estas coisas e entrar na sua glória?" (Lucas 24:25-26).

Ressurreição (recriação)

Mais tarde, quando pararam para comer, chegou o momento — partir o pão — em que Jesus se revelou a eles: "Então, os olhos deles foram abertos e o reconheceram, mas ele desapareceu" (Lucas 24:31). Naquele instante, tudo mudou, e eles exclamaram: "Não ardia o nosso coração enquanto ele nos falava no caminho e nos explicava as Escrituras?" (v. 32). Imediatamente eles se viraram e voltaram para Jerusalém para dizer aos discípulos: "É verdade! O Senhor ressuscitou e apareceu a Simão!" E eles "contaram o que tinha acontecido no caminho" (v. 34-35).

Eles correram de volta para contar aos outros sobre seu encontro com o Cristo ressuscitado. Como resultado, aqueles corações *sobrecarregados* tornaram-se corações *ardentes* — que depois se tornaram corações *ousados*.

No ministério de oração por cura, Jesus nos convida a ficar ao lado dele enquanto se aproxima daqueles que estão sofrendo para afirmá-los, confrontá-los e restaurá-los com seu poder de ressurreição. Que privilégio é estar presente quando isso acontecer!

CAPÍTULO DOIS

A cura e o amor de Jesus

No capítulo 1, observamos que a pregação, o ensino e a cura foram as principais atividades de Jesus durante seu ministério terreno na Galileia (cf. Mateus 4:23-24; 9:35). Também enfatizamos que o seu ministério não teve um fim trágico quando ele foi crucificado. Na verdade, estava apenas começando. Após a ressurreição e ascensão, o ministério de Jesus continua e se expande por todo o mundo por intermédio do seu corpo, a igreja. O nosso envolvimento no ministério da oração de cura é, portanto, uma participação no seu ministério contínuo e, particularmente, no seu ministério de cura.

Mas o que motivou Jesus a curar os enfermos e a restaurar os quebrantados de coração? Qual foi a motivação por trás de suas obras de cura? Por que Jesus curou? É o queremos encarar neste capítulo. Para responder, começaremos considerando um dos maiores de todos os milagres de cura de Jesus — a ressurreição de Lázaro, conforme narrada em João 11.

Logo no início dessa história, Maria e Marta, irmãs de Lázaro, enviam uma mensagem urgente a Jesus, para informá-lo que seu irmão precisa desesperadamente dele: "Senhor, aquele a quem amas está doente" (cf. João 11:3). Em poucas palavras, essa breve mensagem responde a uma questão-chave: o ministério de cura de Jesus flui do seu amor. Porque Maria e Marta compreenderam isso, apelaram ao amor dele. A versão *A Mensagem* capta bem: "Senhor, aquele a quem o senhor ama está muito doente" (v. 3). Uma vez que Jesus amava o irmão delas, ambas sabiam que ele ficaria preocupado e, sem dúvida, desejaria fazer algo a respeito da doença de Lázaro.

Por que, então, Jesus cura? *Porque ele ama*. E, como Filho de Deus, o amor que o move a curar é também um reflexo do amor do Pai, porque "só pode fazer o que vê o Pai fazer" (cf. João 5:19). Em última análise, então, o ministério de cura de Jesus está enraizado na comunhão da Trindade. A partir do transbordamento do amor do Pai, do Filho e do Espírito Santo, o Deus triúno trabalha para restaurar o quebrantamento da criação. A cura flui do amor e da compaixão divinos. Certamente a cura é uma expressão do poder de Deus, mas tem *mais a ver com o amor de Deus do que com o poder de Deus.*

Então, Jesus *curou* Lázaro porque Jesus *amava* Lázaro. Três vezes nessa história, seu amor por Lázaro é explicitamente mencionado (cf. João 11:3,5,36). Já notamos o primeiro exemplo na mensagem que as irmãs enviaram a Jesus. Mais adiante neste capítulo, discutiremos o segundo (v. 5). Por enquanto, consideraremos o último caso (v. 36) quando, quatro dias depois da morte de Lázaro, Jesus finalmente apareceu em cena.

Nesse ponto, Jesus tentava confortar as duas irmãs perturbadas e enlutadas, que não conseguiam entender por que ele não apareceu antes. Em meio a todas as lágrimas e à agonia, os enlutados que vieram chorar com Maria e Marta ficaram maravilhados com a intensa resposta emocional de Jesus e exclamaram: "Veja como ele [Jesus] o amava!" (v. 36).

O versículo imediatamente anterior descreve o que eles observaram, o que levou João a escrever: "Jesus chorou." O versículo 35 do capítulo 11 desse Evangelho é, na língua inglesa, o versículo mais curto da Bíblia, como todo aluno da escola dominical sabe. No entanto, essas duas palavras dizem muito! "Jesus começou a chorar", como diz a *International Standard Version*. Ele chorou tão aberta, intensa e vulneravelmente que aqueles que o viram ficaram maravilhados e concluíram: "Com lágrimas assim — ele com certeza deve ter amado Lázaro."

Minha série favorita de livros infantis é *As crônicas de Nárnia*, de C. S. Lewis. Digo que esses livros são para crianças, mas foram escritos para qualquer pessoa com um coração verdadeiramente jovem. Em um deles, *O sobrinho do Mago*, há uma cena em que o menino Digory se aproxima do leão Aslan, o rei da terra de Nárnia, onde essas histórias acontecem. Caso você ainda não saiba (embora nunca tenhamos dito explicitamente), sempre que você se depara com Aslan nessa obra, encontra outro leão — Jesus, o grande Leão de Judá.

Antes de Jesus curar nossas feridas humanas, ele as sente!

A cura e o amor de Jesus

Digory foi até Aslam porque descobriu que, em Nárnia, quando alguém está doente, recebe para comer um pedaço de fruta mágica que o faz melhorar. Ele quer levar um pedaço dessa fruta para casa, porque deseja que sua mãe, que está muito enferma, se recupere. Contudo, Digory precisa obter permissão para isso, então ele apresenta seu pedido ao rei leão.

No entanto, a princípio, quando ele pergunta, não obtém resposta alguma. Aslam fica em silêncio. Ele parece indiferente. Digory está atordoado — o leão não se preocupa com sua mãe? Lágrimas enchem seus olhos e, em desespero, ele se aproxima e pergunta novamente a Aslan. Veja como C. S. Lewis descreveu o que Digory viu:

> Até aquele momento, estivera olhando as grandes patas do leão e suas enormes garras; agora, em desespero, erguera os olhos para seu rosto. Então, o que ele viu o surpreendeu como nada mais em toda a sua vida. Pois o rosto pardo se inclinara para perto do dele, e (maravilha das maravilhas) grandes lágrimas brilhantes estavam nos olhos do leão. Eram lágrimas tão grandes e reluzentes, comparadas às de Gregório, que, por um momento, sentiu que, de fato, o leão sentia mais por sua mãe do que ele mesmo.[1]

Daquele momento em diante, Digory nunca mais duvidou do amor de Aslan. Pelo contrário, sempre que se lembrava

---

[1] C. S. Lewis. *O sobrinho do Mago*. Rio de Janeiro: HarperCollins Brasil, 2023, p. 159-160.

das lágrimas brilhantes nos olhos de Aslan, seu coração sentia esperança.[2]

Jesus chorou no túmulo de Lázaro. Ao ver a angústia de Maria e Marta e dos outros reunidos no entorno do túmulo, grandes lágrimas brilhantes brotaram de seus olhos. Jesus chorou. E a cura de seu amigo Lázaro fluiu de seu coração quebrantado e choroso de amor. Antes de Jesus curar nossas feridas humanas, ele as sente!

A compaixão de Jesus

Ao observarmos os Evangelhos Sinóticos (Mateus, Marcos e Lucas), também encontramos a ligação íntima entre o amor de Jesus e a cura. Esses três escritores dos evangelhos enfatizaram repetidamente como o seu ministério de cura fluiu da compaixão.

Por exemplo, Mateus 9:36 diz: "Ao ver as multidões, *teve compaixão delas*, porque estavam aflitas e desamparadas, como ovelhas sem pastor"(grifo na citação). A propósito, esse versículo segue imediatamente aquele já mencionado, que descreve as três principais atividades ministeriais de Jesus na Galileia. Tendo nos contado o que Jesus fez (ele pregou, ensinou e curou), Mateus também quer que saibamos o *porquê* (pois teve compaixão).

Nove vezes nos Evangelhos Sinóticos, Jesus é descrito como sendo movido pela compaixão. Quatro dessas ocorrências estão diretamente ligadas ao seu ministério de cura. Por compaixão,

---

[2] Lewis, 2002, p. 232.

ele curou os que estavam doentes na multidão (cf. Mateus 14:14), purificou um leproso (cf. Marcos 1:41), ressuscitou o filho morto de uma viúva enlutada (cf. Lucas 7:13-14) e restaurou a visão de dois cegos (cf. Mateus 20:34).

Em todos os nove casos, os escritores dos Evangelhos Mateus, Marcos e Lucas usam *splanchnizomai*, o verbo grego mais forte possível à sua disposição, para transmitir a profundidade e a intensidade da compaixão de Jesus.[3] Nenhuma tradução em inglês consegue captar completamente o significado dessa palavra. Foi derivada do substantivo *splanchna*, que no grego clássico se referia aos órgãos internos, como coração, pulmões, fígado e intestinos. Também foi usada para se referir a um órgão materno, o útero. A palavra baço, em inglês, é derivada dela.

Os gregos acreditavam que o nosso interior era a sede das emoções mais profundas — como a raiva, o medo e o amor. Com base, então, na sua derivação, o verbo *splanchnizomai* não transmite pena ou compaixão comuns, mas uma emoção visceral, profunda, que emerge do âmago do ser — como o suspiro de um homem dominado pela tristeza ou o gemido de uma mulher em trabalho de parto. Dizer que Jesus foi "movido pela compaixão" significava que suas entranhas foram dilaceradas, seu coração foi dilacerado e a parte mais vulnerável de seu ser foi exposta.

Não há dúvida de que os milagres de cura de Jesus servem a mais de um propósito. Como veremos no capítulo 5, eles são

---

[3] Veja a bela discussão sobre essa palavra em: William Barclay. *New Testament Words*. Londres: SCM, 1964. p. 276-80. Para uma discussão mais recente, consulte: F. Scott Spencer; *Passions of the Christ*. Grand Rapids: Baker Academic, 2021. p. 184-90.

sinais inequívocos de que o reino de Deus está próximo. Revelam também que Jesus é de fato o Messias e o divino Filho de Deus. Precisamos, portanto, reconhecer os vários propósitos dos milagres de cura. No entanto, embora cada um seja importante, o que move Jesus a curar, inicialmente, é o seu amor e compaixão. Seus milagres de cura são uma expressão de seu amor e do amor do Pai e do Espírito Santo para com aqueles que estão em grande necessidade.

Ken Blue resumiu bem: "Os escritores evangélicos afirmam que Jesus curou as pessoas porque as amava. Muito simplesmente, ele teve compaixão por elas; ele estava do lado delas, queria resolver seus problemas." Ele acrescentou: "O próprio Deus [na pessoa de Jesus] está angustiado com a nossa situação e sua resposta emocional é poderosa. Atos poderosos de resgate, cura e libertação fluem de sua compaixão."[4]

O amor de Jesus determina nosso propósito

Essa ligação vital entre a cura e o amor de Jesus tem muitas implicações práticas na maneira como nos envolvemos no ministério de cura. Esse é o motivo de ser tão importante de a compreendermos. No restante deste capítulo, apresentarei quatro delas. Vamos começar pela explicação de como molda a nossa compreensão do propósito do ministério de cura.

É fácil, no ministério de cura, particularmente no caso da cura física, fixar-se no poder e no espetáculo divinos, ficar

---

[4] Ken Blue. *Authority to Heal*. Downers Grove: InterVarsity Press, 1987. p. 78.

excessivamente entusiasmado com milagres, sinais e maravilhas. E é emocionante quando testemunhamos uma cura física instantânea acontecer bem diante dos nossos olhos. Quando os surdos ouvem, os cegos veem ou os paralíticos andam, como podemos não ficar maravilhados, alegrar-nos e louvar a Deus? Dada a nossa tendência ao desânimo e à incredulidade, precisamos ver milagres de vez em quando. Como sugere Raniero Cantalamessa, Deus os usa "para quebrar e livrar-se tanto do ritualismo morto quanto do racionalismo árido."[5] Tais manifestações do poder divino acendem a nossa fé e aprofundam a nossa convicção de que Deus é real.

O ministério de cura, contudo, tem mais a ver com amor do que com poder. O poder de cura de Jesus é uma expressão do seu amor — amor que se preocupa profundamente com as necessidades imediatas e sentidas pelas pessoas feridas e quebrantadas. O poder de cura é necessário porque o amor de Jesus é iminentemente prático e realista. Diante da doença, da dor e do sofrimento, não basta enviar um vale-presente!

Todavia, o poder curador de Jesus está sempre enraizado no seu amor. É o poder do amor. O amor busca o bem-estar do outro, tem a intenção de aprofundar o relacionamento e quer ver o amado florescer. O poder pelo poder, isto é, que procura manipular e controlar, é uma noção pagã, não uma compreensão cristã do poder baseada no amor.

---

[5] Raniero Cantalamessa. *Come, Creator Spirit*. Collegeville: Liturgical Press, 2003. p. 198.

O ministério de cura tem mais a ver com amor do que com poder.

Dan Wilt é um pastor sábio que passou várias décadas envolvido no ministério de cura em um contexto eclesial que abraça de todo o coração o ministério de cura e os dons espirituais. Ele experimentou em primeira mão o que acontece quando o ministério de cura se apaixona pelo poder e aprendeu como é importante manter o foco no amor de Deus:

> Às vezes tenho visto uma fixação em uma experiência de poder e espetáculo como objetivo principal. Quando um membro é curado diante de nós, é emocionante! Quando a cegueira é curada e uma pessoa enxerga pela primeira vez em anos, é maravilhoso!
>
> Mas a cura não era o objetivo naquele momento. Nunca é. O amor de Deus pela pessoa é a coisa mais incrível acontecendo naquele momento. Quando os olhos de alguém se iluminam com o amor de Deus, expresso em lágrimas silenciosas ou em grande alegria pelo que Deus fez, tenho quase certeza de que os anjos no céu estão dançando — quer um "milagre" ocorra, quer não!
>
> Sou muito grato por aqueles que me orientaram na oração pelos enfermos e necessitados. Esses homens e mulheres sempre me lembravam que o mínimo que uma pessoa deveria deixar depois de um tempo em que eu orava por ela é uma experiência mais profunda do amor de Deus. Quando uma pessoa sente que Jesus a vê e a conhece, isso pode desencadear uma cura interior profunda, para a qual até mesmo uma cura física pode parecer secundária.

O amor de Deus traz um milagre eterno de união com a pessoa. Esse é sempre o objetivo do Pai.[6]

Ao longo dos anos, à medida que liderei numerosos cultos de cura pública em igrejas locais, a minha experiência tem sido semelhante. Muitas vezes, nesses cultos, ao impor as mãos e orar pelas pessoas, especialmente aquelas com necessidades físicas, observei-as envolvidas no profundo amor e compaixão de Jesus por elas. Como resultado, quer experimentem a cura física, quer recebam a cura pela qual esperavam, elas se afastam lentamente, atordoadas e surpresas, com expressões de alegria em seu rosto, dominadas por um profundo sentimento de alegria e paz que supera tudo o mais.

Ver isso acontecer bem diante dos meus olhos me trouxe grande alegria e satisfação. Muitas vezes eu me afastei, exuberante, com o pensamento: *Isto é tão maravilhoso, quero continuar a fazer isto pelo resto da minha vida — mesmo que ninguém por quem oro realmente receba a cura física!*

Muitas vezes, quando as pessoas vêm até nós para receber orações de cura, procuram principalmente uma solução para um problema e esperam que possamos ajudá-las a resolvê-lo ou a eliminá-lo. É claro que Jesus se preocupa com os problemas delas; ele chora por essas pessoas. Contudo, ainda mais do que resolver os seus problemas ou trazer-lhes conforto e alívio, ele quer que conheçam e experimentem o seu grande amor por elas.

---

[6] Dan Wilt. *Receive the Holy Spirit*. Franklin: Seedbed, 2022. p. 113.

Cristo anseia por uma comunhão mais íntima e as convida a um relacionamento mais profundo com ele.

Reconhecer que esse é o maior objetivo de Jesus esclarece qual deveria ser a nossa principal preocupação na oração de cura: não resolver problemas, mas comunicar o amor de Cristo. Mais uma vez, Dan Wilt explicou bem:

> Não ficaremos preocupados se nossas orações por eles "funcionaram" ou não. Permaneceremos focados no amor de Deus pela pessoa enquanto oramos. Esse foco fará que sejamos sensíveis em nossa oração, em vez de sermos distraídos por uma mentalidade de conserto ou por tentativas excessivamente dramáticas de despertar emoções.[7]

O amor de Jesus molda nossa prática

Além de determinar o nosso propósito, compreender que a cura tem mais a ver com transmitir amor do que com demonstrar poder também moldará a nossa prática e terá implicações significativas na maneira como conduzimos o ministério de cura.

Uma ex-aluna do seminário me contou recentemente sobre sua experiência quando foi a uma igreja em sua comunidade, a fim de participar de um culto de cura. Ela nunca tinha ido àquela igreja antes e sabia pouco sobre ela, mas estava cansada e ferida no ministério. Quando soube que eles estavam realizando um culto de cura, ficou ansiosa para estar lá e esperava receber uma oração de cura.

---

[7] Wilt, 2022, p. 114.

Infelizmente, a forma como o tempo de oração foi conduzido deixou-a muito desconfortável. Depois de um tempo de cantos de adoração e de uma breve mensagem do pastor, aqueles que desejavam a cura foram convidados a se apresentarem para receber oração. Então, enquanto aqueles que haviam respondido ao apelo estavam ali de pé, receberam tapas na cabeça e foram empurrados para trás enquanto os ministros de oração declaravam: "Seja curado em nome de Jesus." "Quando vi o que eles estavam fazendo," ela me disse, "fiquei sentada e não fui à frente.

Um amigo pastor contou uma experiência semelhante que teve há alguns anos. Ele havia se tornado cristão havia pouco tempo e estava animado com a fé, buscava sinceramente mais de Cristo. Quando um convite para receber oração por cura foi feito em um culto de adoração, ele aceitou com alegria. "Quando começaram a orar por mim," ele me disse, "literalmente me acertaram com golpes de karatê em ambos os lados do pescoço e depois me empurraram. Fiquei atordoado e confuso, me perguntando o que estava acontecendo!"

Esses, é claro, são exemplos extremos do que eu chamaria de abuso de poder no ministério de cura. No entanto, são muito comuns e muitas vezes dão má reputação ao ministério de cura. Refletem o que pode acontecer quando a cura se torna mais uma questão de poder.

Aos cristãos de Corinto, que estavam excessivamente animados com o poder espiritual, o apóstolo Paulo enfatizou repetidamente que eles precisavam fazer tudo em amor (cf. 1Corintios 16:14; ver também 8:1; 13:1-13). O que ele aconselhou certamente se aplica à forma como conduzimos o ministério de cura.

Devemos sempre salvaguardar e preservar a dignidade das pessoas. Não tocamos nem impomos as mãos sem a sua permissão. Não forçamos as pessoas a fazer ou dizer coisas se elas não quiserem nem em caso de desconforto. Se elas precisarem perdoar alguém, por exemplo, podemos perguntar: "Você está disposto a orar e perdoá-los pelo mal que eles cometeram contra você?"

Se elas nos disserem que não, respeitamos a sua decisão e não tentamos forçá-las, manipulá-las ou constrangê-las a fazê-lo. Esperamos até chegar o momento em que estejam prontas e dispostas.

Jesus nos deu autoridade para curar em seu nome (cf. Lucas 9:1-2; Mateus 28:16-20), e há ocasiões em que somos levados a fazer orações autorizadas por cura. No entanto, lembre-se de que uma oração ousada, forte e autoritária não precisa ser feita em voz alta, com barulheira, dramas ou de maneira avassaladora. Como ouvi certa vez um sábio veterano do ministério de cura dizer: "O amor é o músculo do braço da autoridade." Portanto, tudo deve ser conduzido de modo amoroso.

Isso significa que aqueles de nós que estão envolvidos no ministério da oração de cura devem continuar a crescer na sua própria capacidade, tanto para receber o amor de Cristo como para transmitir seu amor pelos outros. Paulo orou para estarmos "arraigados e alicerçados no amor", para que sejamos capazes de perceber, "com todos os santos, qual é a largura, o comprimento, a altura e a profundidade do amor de Cristo" (cf. Efésios 3:17-18). Esta deveria ser a nossa oração: "Senhor, aprofunda-me e amplia-me no amor."

Tilda Norberg, autora de vários livros profundos e úteis sobre cura, disse bem:

> Grande parte da preparação emocional e espiritual para fazer este trabalho tem a ver com ser capaz de amar mais plenamente... Amar significa convidar Deus — diariamente, a cada hora — para amar por intermédio de nós. Como o nosso próprio amor é incompleto e sujeito a distorções, dependemos de Deus para nos encher com o amor que precisamos para caminhar com outra pessoa... Amar nem sempre é fácil. Devemos trabalhar constantemente para nos livrarmos de julgamentos, agendas, ressentimentos e medo.[8]

O amor de Jesus nos mantém pacientes

Compreender que o ministério de cura de Jesus flui do seu amor não apenas determina o propósito do nosso ministério de cura e molda a nossa prática, como também nos mantém pacientes e firmes quando somos confrontados com o mistério e as complexidades da cura.

Na história de Lázaro, discutida anteriormente, Jesus inicialmente não curou Lázaro da maneira como Maria e Marta queriam ou esperavam. Ele apareceu quatro dias atrasado, quatro dias depois que Lázaro havia morrido. E, quando chegou ao local, as duas irmãs — primeiro Marta, depois Maria — fizeram questão

---

[8] Tilda Norberg. *Consenting do Grace*: An Introduction to Gestalt Pastoral Care. Staten Island: Penn House, 2006. p. 38-39.

de demonstrar a Jesus o quanto estavam frustradas e decepcionadas com ele. "Senhor," reclamaram elas, "se estivesses aqui, o meu irmão não teria morrido" (cf. João 11:21,32).

Assim como Maria e Marta, quando estamos envolvidos no ministério de oração de cura com alguém, nós também podemos ficar confusos e frustrados com o que Jesus está fazendo. Por que ele não intervém e faz alguma coisa? Por que não nos dá orientações mais claras sobre como orar? Por que não responde às nossas orações? Muitas vezes, durante o processo, aqueles que buscam a cura começam a duvidar e a se desesperar. Eles se perguntam por que Jesus parece não se importar.

Manter o foco no amor de Jesus nos firma e nos mantém pacientes. Mesmo que não possamos rastrear onde está a sua mão, sabemos que ainda podemos confiar em seu coração. Curiosamente, no caso de Lázaro, a razão pela qual Jesus não veio imediatamente, como as irmãs esperavam, estava ligada ao seu amor por elas. Como diz o texto: "Jesus amava Marta, a irmã dela e Lázaro. No entanto, quando ouviu falar que Lázaro estava doente, ficou mais dois dias onde estava. Depois, disse aos seus discípulos: 'Vamos voltar para a Judeia'" (v. 5-7).

Então, foi o amor de Jesus que fez que ele chegasse quatro dias atrasado. Oswald Chambers disse, ao refletir sobre o que Jesus fez, que às vezes "os silêncios de Deus são as suas respostas."[9] Contudo, quando ele apareceu, esse mesmo amor o fez chorar pela dor das irmãs e clamar no túmulo: "Lázaro, venha para fora!" (v. 43). Vemos que seu amor pode assumir muitas formas

---

[9] Oswald Chambers. *If Ye Shall Ask*. Nova York: Dodd, Mead, 1938. p. 47.

e expressões. Certamente, não há uma expressão única que sirva para todas as situações.

Conhecer o coração compassivo e amoroso de Jesus ajuda a nos manter pacientes, firmes e no caminho certo. Independentemente do que aconteça, podemos declarar com confiança: "Senhor, não conseguimos identificar tua mão agora e não temos certeza de como e quando trabalharás nesta situação. Mas, Senhor, sabemos que podemos confiar em teu coração. Temos certeza disso. Sabemos que tu sentes por esta situação. Sabemos que amas esta pessoa. Tua compaixão nunca falha. Independentemente de como escolheres trabalhar nela, sabemos que nada poderá nos separar do teu amor."

Assim como Digory era inundado por esperança ao se lembrar das lágrimas brilhantes nos olhos de Aslam, manter os nossos olhos no amor de Jesus e nas lágrimas brilhantes nos seus olhos mantém-nos pacientes e confiantes enquanto nos envolvemos no ministério de oração por cura. Não importa o que acontecer, sabemos que podemos contar com isso.

O amor de Jesus e a persistência

Já falamos sobre como lançar as bases e desenvolver o ministério de cura no amor de Jesus determina o nosso propósito, molda a nossa prática e nos mantém pacientes quando o processo é confuso e complexo. Deixe-me encerrar este capítulo enfatizando como isso também sustenta a nossa persistência no ministério de cura.

A cura e o amor de Jesus

Como pastor de uma igreja local, professor de seminário e ministro de oração de cura, nos últimos cinquenta anos estive envolvido nas três principais atividades do ministério de Jesus — pregação, ensino e cura. Contudo, devo dizer que me envolvi em muito mais problemas e experimentei mais resistência em relação à cura do que em relação aos outros dois juntos!

Muitos cristãos são críticos e céticos em relação ao ministério de cura. E, certamente, posso entender o motivo. Alguns que são atraídos por isso ficam excessivamente apaixonados pelo sensacional e pelo milagroso. Outros, em seu zelo, chegam a extremos perigosos e pouco saudáveis em seu ensino e prática. Tal como Simão, o mágico (cf. Atos 8:9-24), sempre haverá charlatões por perto para tentar tirar vantagem de pessoas desesperadas. Como resultado, o ministério de cura desenvolveu uma má reputação, o que fez que muitos pastores e líderes se afastassem dele. Para evitar suas armadilhas e seus perigos, preferem evitá-lo completamente.

Frequentemente, eles olham com desdém para aqueles que são chamados para essa atividade. "Por que você quer se envolver em um ministério como esse?", perguntarão criticamente. "É tão complexo, ambíguo e controverso. E quanto às pessoas que não são curadas quando você ora por elas? Você não vai acabar desiludindo-as?"

Sem dúvidas, todas essas questões são importantes e legítimas. No capítulo 6 abordo-as ao discutir o mistério da cura. Entretanto, quando sou interrogado sobre o meu envolvimento no ministério de cura, depois de ter reconhecido as preocupações válidas da pessoa, eis o que costumo dizer: "Vamos lá, deixe-me ser claro: não estou envolvido nisto porque sou apaixonado pela cura.

Tampouco estou interessado em ser conhecido por ter um ministério de cura. Estou interessado em estar envolvido no ministério de Jesus. Quero deixar meu coração ser partido pelas coisas que partem o coração dele e chorar pelas coisas que o fazem chorar. Quero ser atraído por seu amor e compaixão. E então quero segui-lo e me juntar a ele para fazer o que ele decidir como resultado disso. É por essa razão que estou envolvido no ministério de cura."

Na primeira estrofe daquele que muitos consideram seu maior hino — *Love Divine, All Loves Excelling* [Amor divino, todos os amores excelsos] —, Charles Wesley resumiu tudo: "Jesus, tu és todo compaixão; amor puro e ilimitado tu és. Visita-nos com a tua salvação; entra em todo coração trêmulo."[10]

Isso é o que me faz persistir no ministério de cura, apesar das preocupações e das críticas dos outros. Por intermédio do Espírito Santo, quero me conectar ao amor de Jesus, que, por sua vez, reflete o coração de amor e compaixão do Pai. E então quero ser um canal aberto por meio do qual esse amor trinitário possa entrar no coração quebrantado e trêmulo dos outros. De acordo com John Wesley, o famoso irmão mais novo de Charles, esse amor divino, do qual flui toda a cura, é "o remédio soberano para todas as misérias".

---

[10] Charles Wesley. *Love Divine, All Loves Excelling*. Hymnary.org. Disponível em: https://hymnary.org/text/love_divine_all_love excelling_joy_of_he. Domínio público (1747).

CAPÍTULO TRÊS

As cinco maneiras pelas quais Jesus cura

Ela não esperava encontrar o que encontrou. Na introdução ao seu estudo aprofundado *Healing in the History of Christianity* [Cura na história do cristianismo], Amanda Porterfield reconhece: "Quando embarquei neste livro, não previ até que ponto iria ver o cristianismo como uma religião de cura."[1] Ao examinar cuidadosamente dois mil anos de história cristã, ela ficou impressionada com a grande variedade de maneiras pelas quais os cristãos se engajaram no ministério de cura. Por meio da oração pela cura sobrenatural, da oferta de cuidado pastoral, do alívio do sofrimento com medicamentos, da visita aos doentes,

---

[1] Amanda Porterfield. *Healing in the History of Christianity*. Nova York: Oxford University Press, 2005. p. 3.

do cuidado dos moribundos, da promoção de comunidades saudáveis, da construção de hospitais, da formação de médicos e enfermeiros, do envio de missionários médicos, da defesa do acesso e da reforma dos cuidados de saúde e do encorajamento a práticas que promovam o bem-estar físico e a saúde mental, os cristãos, durante dois milênios — de uma forma ou de outra — têm se envolvido em várias maneiras de exercer o ministério de cura.

Como Amanda Porterfield descobriu, a cura é parte do DNA cristão. E a parceria com Jesus no seu ministério contínuo de cura pode assumir muitas formas. De acordo com o Novo Testamento, ele é aquele por intermédio de quem todas as coisas foram feitas (cf. João 1:3; Colossenses 1:16; Hebreus 1:2), todas as coisas subsistem (cf. Colossenses 1:17; Hebreus 1:3) e todas as coisas são feitas novas (cf. 2Corintios 5:17; Apocalipse 21:5). Como Senhor da criação e da nova criação, ele pode curar de várias maneiras.

Então, tendo estabelecido *por que* Jesus cura — porque ele ama — agora quero me concentrar em *como* Jesus cura, considerando as cinco maneiras pelas quais Jesus cura — que às vezes são chamadas de "os cinco milagres de cura".[2] Podemos simplesmente descrevê-los da seguinte forma:

- Jesus cura direta e sobrenaturalmente — o milagre do toque sobrenatural.

---

[2] Ouvi pela primeira vez o Dr. Frank Bateman Stanger falar formalmente sobre os cinco milagres da cura. Acredito que ele os derivou e adaptou dos ensinamentos de E. Stanley Jones sobre cura. Eles são apresentados brevemente em: Donald Demaray. *Experiencing Healing and Wholeness*. Indianápolis: Light and Life, 1999. p. 178-79.

- Jesus cura por intermédio dos médicos e da medicina — o milagre da medicina moderna.

- Jesus cura pelo poder curativo do corpo humano — o milagre da natureza.

- Jesus cura concedendo graça ao sofrimento — o milagre da graça suficiente.

- Jesus cura por meio da morte vitoriosa — o milagre da travessia vitoriosa.

Ao nos envolver no ministério de cura, é imperativo que reconheçamos e afirmemos todas essas cinco maneiras pelas quais Jesus cura. Neste capítulo, refletiremos brevemente sobre cada uma delas, uma de cada vez. Em seguida, apresentarei John Wesley como modelo para nós, hoje, de alguém que corretamente levou todos eles em consideração.

Jesus cura direta e sobrenaturalmente

Como enfatizo detalhadamente no capítulo 5, os milagres de cura de Jesus demonstram que o reino de Deus chegou. Na pessoa de Jesus, o Messias, o que se esperava que acontecesse no futuro, no fim dos tempos, quando todas as coisas serão renovadas, irrompeu no presente. Mesmo agora, os coxos andam, os surdos ouvem, os cegos veem, os mortos ressuscitam e os cativos são libertos! E, quando Jesus enviou seus apóstolos e discípulos para pregar o evangelho do Reino, ele também lhes deu autoridade para curar em seu nome (cf. Mateus 10:1-8; Lucas 9:1-2).

Nós os vemos continuar a exercer sua autoridade após a ressurreição e ascensão no livro de Atos.

Infelizmente, ao longo dos séculos, os cristãos muitas vezes falharam em exercer a autoridade que Cristo nos deu ao orar por cura sobrenatural direta para os enfermos. Às vezes, eles foram até desencorajados pelos seus líderes de fazê-lo. Por exemplo, Martinho Lutero e João Calvino tinham uma visão negativa da cura divina milagrosa. Reagindo contra os excessos e superstições associados às práticas medievais de cura católica romana, esses líderes protestantes argumentaram que os milagres de cura haviam cessado após os primeiros séculos cristãos. Para eles, não havia dúvidas de que, durante o tempo dos apóstolos, foram necessários milagres e curas para impulsionar a Igreja. Contudo, afirmavam que, uma vez estabelecida a igreja e concluído o Novo Testamento, os milagres não eram mais necessários. A pregação da Palavra de Deus seria, por si só, suficiente para a propagação do evangelho.

A influência desse ensino, conhecido como cessacionismo, persiste hoje em muitas igrejas norte-americanas. Felizmente, nos últimos 150 anos, tem havido um envolvimento crescente com a cura sobrenatural entre os cristãos. O que começou como um gotejamento com o reavivamento da cura e santidade no final do século 19 (1875-1900) tornou-se uma corrente cada vez maior nos movimentos pentecostais, carismáticos e da terceira onda (1900-2000), e agora se tornou uma inundação com a ascensão do cristianismo global na África, Ásia e América Latina (1985-2023). Como resultado, testemunhamos verdadeiramente o que o falecido Francis MacNutt chamou de "Redespertar da Cura".[3]

Em sua introdução à *Global Pentecostal and Charismatic Healing* [Cura pentecostal e carismática global], Candy Gunther Brown resumiu esse despertar:

> As práticas de cura divina são um marcador essencial do cristianismo pentecostal e carismático como fenômeno mundial. [...] Nos países latino-americanos, asiáticos e africanos [...] entre 80 e 90% dos cristãos da primeira geração atribuem a sua conversão principalmente ao fato de terem recebido cura divina para si ou para um membro da família [...] e, à medida que os cristãos no Sul do Globo influenciam cada vez mais o cristianismo norte-americano, a cura divina provavelmente se tornará ainda mais proeminente nas igrejas dos Estados Unidos no século 21.[4]

Ninguém defendeu os milagres de modo tão poderoso quanto o estudioso do Novo Testamento Craig Keener. Em 2011, ele publicou um trabalho exaustivo de dois volumes e 1.100 páginas intitulado *Miracles: The Credibility of the New Testament Accounts* [Milagres: a credibilidade dos relatos do Novo Testamento][5] e, dez anos depois, publicou um livro mais curto chamado *Miracles Today: The Supernatural Work of God in the Modern World* [Milagres hoje: A obra sobrenatural de Deus no

---

[3] Francis MacNutt. *The Healing Reawakening*. Grand Rapids: Chosen, 2005.
[4] Candy Gunther Brown. *Global Pentecostal and Charismatic Healing*. Nova York: Oxford University Press, 2011. p. 3.
[5] Craig S. Keener. *Miracles: The Credibility of the New Testament Accounts*. 2 vols., Grand Rapids: Baker Academic, 2011.

Sim, o reino de Deus está próximo! Jesus ainda cura sobrenaturalmente por intermédio do seu corpo, a igreja.

mundo moderno],[6] no qual relata as experiências milagrosas verificadas por dezenas de pessoas ao redor do mundo. Nunca houve um momento na história em que tantos cristãos experimentassem curas milagrosas e tomassem autoridade para curar em nome de Jesus.

Sim, o reino de Deus está próximo! Jesus ainda cura sobrenaturalmente por intermédio do seu corpo, a igreja. É verdade que a maioria daqueles por quem oramos não será curada direta e sobrenaturalmente. Como enfatizo no capítulo 5, o reino de Deus *já existe* e ainda *não existe*. No entanto, devemos orar ativamente por milagres e esperar avanços sobrenaturais do Reino. Certamente essa é uma maneira significativa pela qual Jesus cura hoje.

Jesus cura por intermédio dos médicos e da medicina

No entanto, Jesus também cura por meio de médicos e de recursos da medicina, como os remédios. É por isso que os cristãos sempre tiveram alta consideração pelos médicos e pela prática médica. Segundo Amanda Porterfield, mergulhada em sua preocupação com a cura e pelo desejo de aliviar o sofrimento humano, "os cristãos têm se encontrado constantemente envolvidos com a medicina e preocupados com a relação entre a prática médica e a fé religiosa."[7]

---

[6] Craig S. Keener. *Miracles Today*: The Supernatural Work of God in the Modern World. Grand Rapids: Baker Academic, 2021.
[7] Porterfield, 2005, p. 141.

Geralmente, as crenças e práticas cristãs estão enraizadas no Antigo Testamento. Contudo, caso você não tenha notado, os médicos raramente são mencionados por lá. Como Michael Brown observou no seu estudo meticuloso sobre a cura no Antigo Testamento, há "poucas evidências de atividade médica especializada e generalizada no antigo Israel."[8]

No entanto, há uma boa razão para isso. Uma vez que os sacerdotes pagãos também eram médicos no mundo antigo, recorrer a eles em busca de ajuda era considerada uma violação do primeiro mandamento, uma forma de idolatria equivalente a consultar um deus pagão ou praticar magia.

Foi exatamente isso que Asa, um rei israelita, foi criticado por fazer. No final de sua vida, quando a doença em seus pés se agravou, somos informados de que ele "não buscou ajuda do Senhor, mas apenas dos médicos" (cf. 2Crônicas 16:12). Infelizmente, esse versículo às vezes tem sido usado por cristãos bem-intencionados como uma prova para não irem ao médico quando estão doentes, mas tendo fé somente em Deus para a cura. No entanto, como explica Brown: "O pecado fatal de Asa, rei de Judá, não foi principalmente o de procurar ajuda médica. Em vez disso, ele foi culpado de consultar médicos pagãos, ou pelo menos mágicos ou idólatras, em seu momento de crise, em vez de se voltar para o Senhor."[9]

Felizmente, devido à influência de Hipócrates (460-370 a.C.) e outros, a prática da medicina viria a se desenvolver no mundo

---

[8] Michael Brown. *Israel's Divine Healer*. Grand Rapids: Zondervan, 1995. p. 238.
[9] Brown, 2011, p. 239.

greco-romano como uma disciplina distinta, separada da religião pagã e das artes mágicas. Como resultado, os judeus do período helenístico tinham uma visão muito mais positiva dos médicos e da medicina. Ben Sira, um escriba judeu helenístico (século 2 a.C.), expressou desta forma:

> Honre os médicos por seus serviços, pois também o médico foi criado pelo Senhor. Do Altíssimo vem a cura, e o médico recebe do rei o pagamento [...]
>
> O Senhor criou os remédios, e o homem de bom senso não os despreza. Não foi para manifestar o poder do Senhor que as águas foram adoçadas com um pedaço de madeira? O Senhor deu aos homens a ciência para que pudessem glorificá-lo por causa das maravilhas dele. [...]
>
> Meu filho, se você ficar doente, não se descuide. Suplique ao Senhor, e ele o curará. [...] Depois, consulte o médico, pois também ele foi criado pelo Senhor. Não o afaste, porque você precisa dele (Eclesiástico 38:1-12, Edição Pastoral, versão on-line).

O Novo Testamento também reflete essa visão positiva dos médicos e da medicina. Lucas, o autor gentio de mais de 25% do Novo Testamento, era médico. Os estudiosos do Novo Testamento apontaram quantas vezes em seus escritos ele usou terminologia médica grega específica para descrever doenças e condições físicas. Quando acompanhou Paulo em suas viagens missionárias, serviu como seu médico pessoal. Paulo, de fato, chamou Lucas de "o médico amado" (cf. Colossenses 4:14).

Honre os médicos por seus serviços, pois também o médico foi criado pelo Senhor. Do Altíssimo vem a cura, e o médico recebe do rei o pagamento.

Amanda Porterfield mostrou como essa visão afirmativa dos médicos e da medicina continuou ao longo de dois mil anos de história cristã. Em *Healing in the History of Christianity* [Cura na história do cristianismo], ela incluiu um capítulo inteiro sobre "O cristianismo e o desenvolvimento global da medicina científica",[10] destacando o importante papel que os missionários cristãos dos séculos 19 e 20 desempenharam nesse processo.

Eles foram os primeiros a introduzir a medicina científica em muitas partes do mundo e sua liderança como profissionais e proponentes da medicina científica desempenhou um papel histórico ao tornar os cuidados de saúde um componente importante do desenvolvimento global."[11]

Era típico, aonde quer que fossem, que missionários construíssem igrejas, escolas e *hospitais*.

Sim, Jesus cura sobrenaturalmente, mas também cura por meio de médicos e da medicina. Conscientes disso ou não, eles fazem parceria com ele em seu trabalho de cura. Portanto, devemos orar pelos nossos médicos, pedir a Jesus que os oriente e trabalhe por intermédio deles, tanto no diagnóstico de doenças como na prescrição de tratamento e medicação adequados. Aqueles de nós que estão no ministério de oração por cura devem trabalhar em conjunto com médicos e profissionais de saúde mental. Devemos encorajar as pessoas a visitarem os seus médicos e a seguirem os seus conselhos.

---

[10] Porterfield, 2005, p. 141-58.
[11] Porterfield, 2005, p. 141.

É lamentável que cristãos bem-intencionados se dediquem erroneamente a cura sobrenatural em detrimento da cura com intervenção médica. Recentemente, um líder cristão me contou sobre uma visita a uma senhora idosa que sofreu durante toda a vida com problemas nos pés. Sem saber disso, enquanto orava por ela no final da visita, Jesus disse-lhe claramente: "Segure os pés dela."

Ele estava muito hesitante e começou a discutir mentalmente com o Senhor enquanto continuava a orar. Depois de resistir várias vezes, ele obedeceu com relutância. "Quando coloquei minhas mãos em seus pés," ele me disse, "foi como se uma descarga elétrica passasse por minhas mãos e seus pés estivessem completa e dramaticamente curados."

"Você não sabe disso," ela explicou depois, alegremente, à minha amiga, "mas, quando eu era pequena, o Senhor me disse que um dia curaria meus pés. E hoje ele fez isso!"

Esse encontro levou a uma amizade e parceria genuínas no evangelho que durou até a morte dela, alguns anos depois. Infelizmente, porém, ela morreu praticamente cega e incapaz de ler a Bíblia ou tocar piano e órgão (ela era uma musicista talentosa) — tudo porque se recusou a fazer uma cirurgia de catarata. "O Senhor é meu curador", ela insistiu. "Confio somente nele para curar meus olhos."

Ela estava certa — o Senhor era o seu curador — mas Jesus, que cura direta e indiretamente, muitas vezes também usa médicos e remédios para curar. Allen Verhey resumiu bem:

> A medicina é uma boa dádiva de Deus, o Criador, uma provisão graciosa de Deus, o provedor, e um reflexo e uma serva

de Deus, o redentor. Condenar a medicina porque Deus é o curador seria como condenar o governo porque Deus é o governante ou condenar as famílias porque Deus é 'Abba'."[12]

Jesus cura pelo poder curativo do corpo humano

Cristo Jesus, aquele em quem "vivemos, nos movemos e existimos" (cf. Atos 17:28) e por meio de quem nós fomos feitos "de modo assombroso e admirável" (cf. Salmos 139:14), nos projetou com um corpo predisposto à cura. Quando cortamos a pele, nosso sangue coagula e forma uma fina crosta, e o processo de cicatrização inicia. Quando a nossa saúde é ameaçada por germes, bactérias ou vírus, fagócitos e leucócitos do nosso sistema imunológico entram em ação, produzem anticorpos que superam os invasores, restauram a nossa saúde e protegem-nos de ataques futuros.

De acordo com o desígnio de Jesus, o nosso corpo humano muitas vezes se cura sozinho. O falecido Donald Demaray, meu professor e colega de faculdade, contou que passou um fim de semana na casa de um médico que havia sido, durante muitos anos, um clínico geral altamente respeitado em sua comunidade. "Às vezes, as pessoas simplesmente ficam boas", disse ele a Don. "Não consigo explicar. Pessoas com doenças graves podem se recuperar sem tratamento médico."[13]

Muitas vezes, no ministério de oração por cura, trabalho com pessoas para abordar questões emocionais, mentais e

---

[12] Allen Verhey. *The Christian Art of Dying*. Grand Rapids: Eerdmans, 2011. p. 309-10.
[13] Demaray, 1999, p. 179.

É lamentável que cristãos bem-intencionados dediquem-se erroneamente à cura sobrenatural em detrimento da cura com intervenção médica.

espirituais que impedem ou diminuem o poder de cura de seu próprio corpo. Amargura, falta de perdão, ódio de si mesmas, desprezo pelo corpo físico, hipocondria — quando essas questões são expostas e levadas a Jesus, não é incomum que os problemas físicos decorrentes delas desapareçam por si próprios.

Em *A Doctor's Casebook in the Light of the Bible* [Um livro de casos médicos à luz da Bíblia], Paul Tournier contou a história de um médico que durante vários meses tratou sem sucesso uma mulher que sofria de anemia grave.[14] Então, para sua surpresa, a baixa contagem de glóbulos brancos subitamente voltou ao normal. "Diga-me," ele perguntou, "alguma coisa fora do comum aconteceu com você desde a última vez que nos encontramos?"

"Pensando bem, algo aconteceu", ela respondeu. "Finalmente consegui perdoar alguém de quem guardei ressentimento desagradável por muito tempo. E, quando o fiz, foi como se pudesse começar a dizer 'sim' à vida novamente." Muitas vezes, quando removemos barreiras espirituais e emocionais, nosso corpo, feito "de modo assombroso e admirável" (cf. Salmos 139:14) é libertado para fazer seu trabalho de cura.

Além disso, todas as diversas formas como promovemos a saúde do corpo humano devem ser levadas em consideração. Uma dieta nutricional adequada, exercício regular, descanso e sono suficientes, recreação, risos e brincadeiras, interação comunitária e social, solitude e retiro — todos esses são itens de vital importância, porque permitem que o nosso corpo nos mantenha saudáveis e íntegros.

---

[14] Paul Tournier. *A Doctor's Casebook in the Light of the Bible*. Nova York: Harper & Row, 1960. p. 149-50.

Jesus cura pela graça suficiente

Em vez de remover a fonte do nosso sofrimento ou dor, às vezes Jesus cura de uma forma que não esperávamos, transmitindo-nos a sua graça e força de superação durante a aflição. Na sua segunda carta aos Coríntios, Paulo partilhou abertamente a sua própria experiência de cura, mencionando um "espinho na carne" (cf. 2Coríntios 12:7) com o qual teve de lutar.[15] *Skolops*, a palavra grega para "espinho", pode significar uma estaca que realmente prendeu uma pessoa ao chão ou uma lasca constantemente irritante e desafiadora na hora da extração.

Como ele não disse explicitamente o que era, tem havido muitas conjecturas sobre a natureza exata do "espinho" de Paulo. Foi uma pessoa em particular que se opôs implacavelmente a Paulo, a perseguição em geral, um pecado ou tentação persistentes, um problema de fala ou uma enfermidade física, como epilepsia ou distúrbio ocular? Os estudiosos da Bíblia apresentaram tudo isso como possibilidades, mas ninguém sabe ao certo.

Paulo afirmava que o seu espinho era como um mensageiro de Satanás, enviado para o atormentar (cf. 2Coríntios 12:7). Ele via isso como algo maligno que pretendia frustrar os propósitos de Deus em sua vida. Então, a princípio, ele orou vigorosa e persistentemente pela sua remoção: "Três vezes pedi ao Senhor que o tirasse de mim" (v. 8). Sua menção específica

---

[15] Na discussão sobre o espinho na carne de Paulo, adaptei material do meu livro *Wounds That Heal: Bringing Our Hurts to the Cross*. Downers Grove: InterVarsity Press, 2003. p. 171-73.

de orar três vezes nos lembra de como Cristo orou três vezes no Getsêmani: "Meu Pai, se for possível, afasta de mim este cálice" (cf. Mateus 26:39). Contudo, o espinho de Paulo não foi removido. Em vez disso, ele ouviu claramente o Senhor dizer: "A minha graça é suficiente para você, pois o meu poder se aperfeiçoa na fraqueza" (cf. 2Coríntios 12:9). A resposta de Jesus ao espinho de Paulo não foi removê-lo, mas dar a Paulo graça para suportar com paciência e alegria, e usar a fraqueza resultante desse espinho para demonstrar o poder divino durante o tempo em que estivesse com ele. Pois, como afirmou Paulo, o poder de Deus se aperfeiçoa na fraqueza.

Sem dúvida, Deus poderia ter demonstrado seu poder removendo-o. Entretanto, ao não removê-lo, escolheu fazer algo ainda maior, aperfeiçoar o seu poder na fraqueza. Isso transformou a atitude de Paulo em relação ao seu espinho. Em vez de se sentir derrotado ou de fazer que ele se afundasse na autopiedade, a fraqueza produzida deu-lhe algo do que se orgulhar.

"Eu me gloriarei ainda mais alegremente nas minhas fraquezas", exclamou ele, "para que o poder de Cristo repouse em mim" (v. 9). Em vez de alimentar em Paulo a frustração e a insatisfação, sua fraqueza produzida por espinhos fez que ele experimentasse contentamento. "Por isso, por Cristo, alegro-me nas fraquezas [...] pois, quando sou fraco, então é que sou forte" (v. 10).

Nós também podemos nos perguntar por que Jesus não remove algum "espinho" angustiante de nossa vida. No entanto, como sugere Raniero Cantalamessa, isso pode significar que, assim como aconteceu com Paulo, Jesus está "oferecendo-nos um presente que é muito mais precioso [...] mesmo que possa ser difícil para nós aceitarmos." Em relação a alguma aflição física, por exemplo, Jesus pode não removê-la. Contudo, a saúde física, embora preciosa, é apenas temporária e um dia passará. Por outro lado, "ter suportado o sofrimento com paciência é algo de bom que durará por toda a eternidade."[16]

Que milagre de cura verdadeiramente maravilhoso é quando vemos pessoas suportarem o sofrimento com paciência pela graça de Deus. Posso pensar em vários casos que testemunhei nos quais o impacto de alguém que suportou o sofrimento com paciência e até mesmo com alegria transbordante foi maior em atrair outros a Cristo do que se tivesse sido instantaneamente curado.

Jesus cura por meio da morte vitoriosa

De acordo com o escritor de Hebreus, por sua morte na cruz, Jesus destruiu "aquele que tem o poder da morte, isto é, o Diabo, e [libertou] aqueles que durante toda a vida estiveram escravizados pelo medo da morte" (cf. Hebreus 2:14-15). Da mesma forma, Paulo declarou triunfantemente que, desde que Cristo ressuscitou dentre os mortos, "a morte foi tragada pela vitória" (cf. 1Coríntios 15:54).

No entanto, não se engane, os cristãos ainda devem confrontar a realidade sombria da morte com toda a sua dor, tristeza e agonia. Lamentamos profundamente quando amigos e entes

---

[16] Raniero Cantalamessa. *Come, Creator Spirit*. Collegeville: Liturgical Press, 2003. p. 281.

queridos morrem, e sofremos com aqueles que sofrem. Todavia, como disse Paulo, não sofremos "como os outros que não têm esperança" (cf. 1Tessalonicenses 4:13). À luz da ressurreição de Cristo, fomos libertos de nosso medo da morte (cf. Hebreus 2:15), cujo aguilhão foi removido (cf. 1Coríntios 15:55-57), pois não pode nos separar do amor de Deus em Cristo (cf. Romanos 8:38-39).

Na verdade, Paulo passou a ver a morte como uma porta que se abre para uma experiência mais profunda e rica do amor de Deus. Ele insistiu: "Porque para mim o viver é Cristo, e o morrer é lucro" (Filipenses 1:21). Pois devemos preferir estar ausentes do corpo e viver com o Senhor (cf. 2Coríntios 5:8).

A morte, por mais trágica que seja, foi transformada pelo Cristo ressuscitado e tornou-se para o cristão um meio de cura. Como disse eloquentemente o filósofo cristão Peter Kreeft:

> Cristo transformou a morte na carruagem dourada da vida, enviada para buscar sua noiva Cinderela das cinzas desta lareira de um mundo, através de um longo passeio à meia-noite, até seu próprio castelo e quarto, onde a Glória gerará glória sobre nós para sempre.[17]

Ouvi a esposa de um pastor descrever como percebeu o modo como Cristo transformou a morte. Sua mãe, de setenta anos de idade, estava internada havia mais de uma semana, mas não respondia ao tratamento e parecia estar pior. Todos os dias ela orava constante e fervorosamente por sua querida mãe.

---

[17] Peter Kreeft. *Heaven: The Heart's Deepest Longing*. São Francisco: Ignatius, 1980. p. 234.

Então, uma noite, ela acordou às 3 horas da manhã com outra forte vontade de orar. Depois de cerca de meia hora, de repente seu fardo por sua mãe foi aliviado, pois ela acreditou ter ouvido o Senhor Jesus dizer claramente: "Sua mãe está curada." Depois disso, uma paz profunda a envolveu e ela voltou a dormir. Ela acordou às 6 horas da manhã e ligou para o hospital, esperando ouvir dos médicos que a condição de sua mãe havia melhorado. Em vez disso, a enfermeira responsável informou-lhe que sua mãe havia falecido nas primeiras horas da manhã, por volta das 3h30. "Fiquei surpresa e desapontada", ela admitiu. "Como eu tinha tanta certeza do que o Senhor disse durante a noite, junto da sensação de paz que tive, não era o que eu esperava. Mas, então, ao refletir sobre as palavras de Jesus, percebi que ele a havia curado. Agora ela estava mais próxima do Senhor, de sua presença, do que nunca."

Para o cristão, Jesus transformou a morte em uma porta de cura. Às vezes, quando oramos por alguém, especialmente pelos idosos, somos levados a orar não por uma forma espantosa e milagrosa de cura, como quando Jesus ressuscitou Lázaro (cf. João 11:1-44), mas por uma morte vitoriosa que os conduzirá à própria presença de Jesus e demonstrará aos outros que Cristo venceu a morte.

Participando do amplo ministério de cura de Jesus

É importante que aqueles de nós envolvidos no ministério de cura reconheçam, afirmem e levem em conta todas as cinco maneiras pelas quais Jesus cura. Além disso, não devemos elevar uma acima das outras ou colocar uma contra as outras. Às vezes, Jesus cura por mais de uma maneira ao mesmo tempo. Poderíamos dizer a uma pessoa que sofre de uma doença física: "Você precisa receber todas as orações que puder para a cura e obter o melhor tratamento médico possível."

No passado, cristãos de diferentes origens e tradições muitas vezes falharam em levar em conta todas as cinco maneiras pelas quais Jesus cura. Fui criado na tradição evangélica e acreditávamos muito na cura de Jesus por meio de médicos e remédios. Também enfatizávamos sua graça suficiente para aqueles que estavam sofrendo. Embora acreditássemos na possibilidade de cura sobrenatural, na prática, raramente esperávamos ou orávamos para que Jesus curasse dessa forma. Sua experiência pode ter sido semelhante ou muito diferente da minha. Talvez você tenha crescido na tradição pentecostal ou carismática, na qual orava regular e frequentemente por cura sobrenatural, mas incapaz de enfatizar adequadamente outras maneiras pelas quais Jesus cura.

Ao seguirmos Jesus, o Curador, devemos recuperar seu amplo e global ministério de cura. É hora de seus seguidores reconhecerem a grande importância de cada uma das cinco maneiras pelas quais Jesus cura e se envolverem em uma prática equilibrada, integrada e completa de todas elas. Não consigo enfatizar isso o suficiente.

É claro que, dado o seu chamado, seus dons e sua experiência, Jesus pode não fazer que você se concentre em todas as cinco maneiras. Por exemplo, você pode ser pastor, enfermeiro, médico, evangelista, preparador físico, nutricionista, capelão de hospital, conselheiro profissional, ministro de oração de cura ou funcionário em uma casa de repouso. O seu envolvimento no ministério de cura de Cristo pode se concentrar apenas em uma ou duas das cinco maneiras pelas quais ele cura. E é assim que deveria ser. Tudo o que peço é que você reconheça e afirme todas as cinco maneiras pelas quais Jesus cura. Encoraje as pessoas a explorar todas elas e procurar aqueles que são dotados em cada uma, conforme necessário. A questão é que você pode reconhecer e afirmar a ampla gama do ministério de cura de Cristo, mesmo que na prática você se envolva especialmente em uma ou duas formas.

Compreender as cinco maneiras pelas quais Jesus cura também molda a o modo como oramos pelas pessoas. Às vezes, cristãos bem-intencionados oram: "Senhor, *se for da tua vontade*, cura fulano de tal." Embora eu aprecie a preocupação deles em serem humildes e não presunçosos, não oro assim. Em vez disso, eu oro: "Senhor, cura *de acordo com a tua vontade*."

À luz das cinco maneiras pelas quais Jesus cura, estou convencido de que ele *sempre* deseja curar. A questão não é *se* Jesus deseja curar; a questão é: *Como* Jesus deseja curar esta pessoa neste momento específico? Por meio de qual das cinco maneiras Jesus deseja curar? Ele quer usar uma combinação delas?

Às vezes, ao pedir a Jesus que me guie, tenho clareza e confiança sobre isso. Contudo, muitas vezes, quando oro, realmente não sei. Nesse caso, começo a orar com humildade, mas com confiança, por cura sobrenatural direta. Como veremos no capítulo 5, Jesus proclamou que, em sua pessoa e seu ministério, o reino de Deus havia chegado. No entanto, embora o Reino estivesse verdadeiramente presente quando ele estava na terra em um corpo físico, também não estava ainda totalmente presente como estará no fim dos tempos. Começo com o *já*, e não com o *ainda não*, para enfatizar que a cura é para *hoje*, não apenas para *algum dia*. Então, começo a orar com expectativa por uma cura sobrenatural agora. Todavia, se isso não acontecer, passarei a orar em relação a uma ou mais das outras maneiras pelas quais Jesus cura que refletem o *ainda não* do Reino. Independentemente de qual maneira eu ore, sempre o faço dentro da estrutura das cinco.

John Wesley e as cinco maneiras pelas quais Jesus cura

Como veremos no próximo capítulo, John Wesley (1703-1791) entendia a salvação não somente em termos legais, como o perdão dos pecados, mas como a restauração, recuperação e renovação da imagem de Deus. Consequentemente, ele tinha interesse profundo e permanente na cura. Além disso, em sua prática, ele estava verdadeiramente à frente de seu tempo ao enfatizar todas as cinco maneiras pelas quais Jesus cura. Passarei o resto deste capítulo descrevendo seu envolvimento em cada uma delas, porque serve como um exemplo maravilhoso para nós.

No que diz respeito à cura sobrenatural, ao contrário de muitos líderes eclesiásticos da sua época, Wesley não era um cessacionista, que acreditava que os milagres de cura estavam restritos à era dos apóstolos ou aos primeiros três séculos da igreja. Ele estava convencido de que os milagres diminuíam, não porque não fossem mais necessários, mas porque o coração dos crentes eventualmente se tornava frio e duro. Com apenas uma forma de piedade, faltava-lhes ousadia e poder (cf. 2Timóteo 3:5).[18]

De acordo com o estudioso Robert Webster:

> Ao longo de sua vida [Wesley] abraçou abertamente a crença no sobrenatural e estava convencido de que uma afirmação do mundo invisível foi um componente importante na missão e no ministério do cristianismo em geral e das suas sociedades metodistas em particular.[19]

A crença e a expectativa do sobrenatural, sustenta Webster, eram uma vertente essencial no DNA metodista original. Espalhados por todo o seu diário, bem como pela *Arminian Magazine* [Revista arminiana], que Wesley publicou para os seus seguidores, estão relatos específicos de curas sobrenaturais entre os primeiros metodistas.

Por exemplo, em seu diário de 7 de outubro de 1790, quinta-feira, ele contou sobre a visita de uma tal senhora Jones, uma metodista devota que havia sofrido dores por muitos anos devido a um colapso uterino. Vários médicos a trataram, mas seu estado apenas piorou. Finalmente, depois de ficar acamada por dois meses, ela gritou: "Senhor, se quiseres, podes me curar! Seja de acordo com a tua vontade!" Imediatamente a dor e a desordem física cessaram e ela se levantou e se vestiu. Na verdade, desde aquela hora, ela passou a gozar de perfeita saúde. "Penso que o

---

[18] W. Reginald Ward e Richard P. Heitzenrater (eds.), 15 August 1750. In: *The Works of John Wesley*, vol. 20: Journals and Diaries IV, Nashville: Abingdon, 1991. p. 356.
[19] Robert Webster. *Methodism and the Miraculous*. Lexington: Emeth, 2013. p. 12.

nosso Senhor nunca operou um milagre tão evidente, mesmo nos dias da sua carne", concluiu Wesley.[20]

Wesley acreditava na cura sobrenatural, mas também tinha grande estima pelos médicos e pela medicina. As pessoas pobres em seus dias tinham pouco ou nenhum acesso a médicos, por isso, Wesley decidiu em um expediente desesperado: "Eu mesmo irei preparar e dar-lhes remédios." Ele lia amplamente revistas médicas e consultava farmacêuticos, cirurgiões e médicos para dar às pessoas "os melhores conselhos que pudesse e os melhores medicamentos que tivesse."[21] O resultado foi o estabelecimento de uma série de clínicas médicas entre as sociedades metodistas e, o mais importante, a publicação do guia medicinal *Primitive Physic* para pessoas comuns. De longe o livro mais vendido de Wesley, teve 23 edições durante a sua vida, rendeu-lhe 750 mil dólares em *royalties*, dos quais ele doou a maior parte. Muitos dos remédios e curas recomendados por ele parecem hoje estranhos e até cômicos, mas, no século 18, eram os melhores tratamentos que a ciência médica incipiente tinha a oferecer.

Por ter reconhecido os poderes naturais de cura do corpo humano, Wesley praticou a "medicina holística", instrui regularmente os seus seguidores sobre a importância de uma dieta adequada, exercício regular, sono e descanso adequados. Ele alertou aos seus leitores: "Não espere receber muitos benefícios destes remédios, se você desconsiderar esses hábitos e práticas cruciais."

---

[20] Thomas Jackson (ed.). *The Works of John Wesley*, vol. 4, Grand Rapids: Zondervan, p. 496.

[21] Rupert Davies (ed.). *The Works of John Wesley*, vol. 9: The Methodist Societies: History, Nature, and Design, Nashville: Abingdon, 1989. p. 275.

Para a aristocrática senhora Maxwell, aconselhou: "O exercício, especialmente com a chegada da primavera, será de maior utilidade para a sua saúde do que uma centena de medicamentos."[22]

Wesley também compreendeu claramente o impacto que os nossos pensamentos e emoções têm sobre o corpo. Na verdade, ele criticou os médicos de sua época por muitas vezes não levarem isso em consideração. "Eles prescrevem medicamento após medicamento, sem saber nada sobre a raiz do distúrbio. [...] Por que então todos os médicos não consideram até que ponto os distúrbios corporais são causados ou influenciados pela mente?"[23] Na maioria dos casos, "Até que a paixão [emoção] que causou a doença seja acalmada, o medicamento é aplicado em vão."[24]

Você pode encontrar a ênfase de Wesley na cura pela graça suficiente na aflição em sermões publicados como "Sobre paciência" e "O peso de múltiplas tentações". Há também uma seção inteira intitulada "Para os crentes em sofrimento", na *Collection of Hymns for the Use of the People Called Methodist* [Coleção de hinos para uso do povo chamado metodista], de 1780.[25] Charles Wesley, que escreveu a maioria desses hinos, estava convencido de que o sofrimento e o crescimento na santidade estavam intimamente ligados.

---

[22] John Telford (ed.), Letter to Lady Maxwell (23 February 1767), In: *The Letters of the Rev. John Wesley, A.M.*, Londres: Epworth, 1931, 5:42.
[23] W. Reginald Ward e Richard P. Heitzenrater (eds.), 12 May 1759, *The Works of John Wesley*, vol. 21, Journals and Diaries IV, Nashville: Abingdon, 1992, p. 191.
[24] James G. Donat e Randy L. Maddox (eds.), *The Works of John Wesley*, vol. 32, Medical and Health Writings, Nashville: Abingdon, 2018, p. 119.
[25] Franz Hildebrandt e Oliver Beckerlegge (eds.). *The Works of John Wesley*, vol. 7, A Collection of Hymns for the Use of the People Called Methodist, Nashville: Abingdon, 1983. p. 476.

As cinco maneiras pelas quais Jesus cura

Como pastor e diretor espiritual de muitos, John Wesley escrevia, com frequência, cartas de encorajamento aos metodistas que lhe contavam sobre o seu sofrimento e aflição. Para uma dessas queridas mulheres, a Sra. Woodhouse, ele escreveu:

> Embora às vezes deva ser uma cruz dolorosa, carregue sua cruz, e ela a carregará: seu trabalho não será em vão. Nosso Senhor não está agora pronto para abençoá-la para aumentar a sua fé, amor e paciência? [...] Certamente a sua graça é suficiente para você: suficiente para submeter todas as coisas a ele próprio.[26]

A cura por intermédio da morte vitoriosa está refletida nos muitos relatos de "mortes felizes" que Wesley incluiu em seu diário e na *Arminian Magazine*.[27] Sobre uma mulher chamada Betty Fairbridge, ele escreveu: "Mas sua fraqueza corporal conforme o crescimento de sua fé e de seu amor, até que a oração foi transformada em louvor e ela foi embora com alegria triunfante." John Bennets também morreu bem:

> Um pouco antes de sua morte, ele examinou cada um de seus filhos sobre a permanência na fé. Satisfeito com isso, lhes disse: "Agora não tenho dúvidas de que nos encontraremos novamente à direita de nosso Senhor." Então, alegremente entregou sua alma a ele e adormeceu.[28]

---

[26] John Telford (ed.). Letter to Mrs. Woodhouse (17 May 1766), 5:12.
[27] John Fanestil. *Mrs. Hunter's Happy Death*. Nova York: Doubleday, 2006.
[28] Citado por E. Brooks Holifield. *Health and Medicine in the Methodist Tradition*. Nova York: Crossroad, 1986. p. 89.

Como resultado, os primeiros metodistas eram conhecidos por morrerem bem.[29] Um médico que tratou vários deles disse a Charles Wesley: "A maioria das pessoas morre por medo de morrer; mas nunca conheci pessoas como vocês. Nenhum dos seus tem medo da morte, mas [são] calmos, pacientes e resignados até o fim."[30]

Muito mais poderia ser dito sobre Wesley em relação ao seu envolvimento em cada uma das cinco maneiras pelas quais Jesus cura. Recomendo-o fortemente a você como exemplo para o ministério de cura hoje. É claro que hoje temos muito mais conhecimento científico em todas essas cinco áreas do que Wesley tinha. No entanto, ainda podemos aprender com o modo como ele manteve as cinco maneiras unidas de forma integrada e equilibrada. Na sua ênfase nas cinco maneiras pelas quais Jesus cura, Wesley estava à frente do seu tempo, e ainda hoje deve ser um exemplo para todos nós.

---

[29] Veja Joseph D. McPherson. *Our People Die Well:* Glorious Accounts of Early Methodists at Death's Door. Bloomington: AuthorHouse, 2008.
[30] Chris Johnson, Dying Well according to John Wesley. Seedbed, 17 de abr. 2012. Disponível em: https://seedbed.com/dying-well-according-to-john-wesley.

CAPÍTULO QUATRO

A cura e a imagem de Deus

Muito do que acreditamos sobre a cura está enraizado na nossa visão da natureza humana. Como é um ser humano próspero, saudável e realizado? Por que os humanos precisam de cura em primeiro lugar? Do que eles precisam ser curados? E para qual propósito? A forma como respondemos a essas perguntas decorre da nossa compreensão da natureza humana e molda a nossa prática de cura cristã.

Os cristãos sempre defenderam que, para compreender a natureza humana, é essencial voltar ao início, aos dois primeiros capítulos da história cristã — Criação e Queda — conforme narrados em Gênesis 1–3. Então é isso que faremos neste capítulo. No capítulo anterior, colocamos uma lente grande-angular em nossa câmera para capturar a amplitude das maneiras pelas quais Jesus cura. Agora vamos substituir o ângulo amplo por uma lente com *zoom* para examinar o que os dois primeiros capítulos da Bíblia nos dizem sobre ser criados à imagem de Deus (cf. Gênesis 1:26-27).

Precisamos ter em mente o que os escritores do Novo Testamento enfatizam — que o próprio Jesus é a imagem perfeita (*eikon*) de Deus (cf. 2Coríntios 4:4; Colossenses 1:15), "o resplendor da glória de Deus, a expressão exata do seu ser" (cf. Hebreus 1:3). Ele personifica a imagem divina para nós e é o modelo perfeito da personalidade humana que Deus originalmente planejou para nós. Na verdade, de acordo com o apóstolo Paulo, o Senhor nos "predestinou para [sermos] conformes à imagem do seu Filho" (cf. Romanos 8:29).

Criados à imagem de Deus

Os cristãos às vezes discutem questões teológicas sem importância. Contudo, segundo o teólogo Ray Anderson, o conceito da imagem de Deus "não é uma dessas questões. É o conceito fundamental para a compreensão do ensino bíblico relativo à natureza e ao valor da personalidade humanos [...] [e] toca virtualmente todos os outros princípios da crença cristã."[1]

De acordo com Gênesis 1 e 2, no sexto dia da Criação, Deus fez os seres humanos como o ápice de tudo o que criara. O escritor bíblico descreveu assim:

---

[1] Ray S. Anderson. *On Becoming Human*. Grand Rapids: Eerdmans, 1982. p. 70.

Então, Deus disse:

— Façamos os seres humanos à nossa imagem, conforme a nossa semelhança. Dominem eles sobre os peixes do mar, sobre as aves dos céus, sobre os animais de rebanho, sobre toda a terra e sobre todos os animais que rastejam sobre a terra. Então, Deus criou o ser humano à sua imagem, à imagem de Deus o criou; homem e mulher os criou (Gênesis 1:26-27).

No entanto, qual é exatamente a imagem de Deus? Uma "imagem", com base na etimologia da palavra hebraica (*selem*), é uma "semelhança representativa". Os seres humanos, portanto, espelham ou refletem Deus e *representam* a Deus, como um embaixador de um país estrangeiro representa o seu país. Como, porém, os humanos espelham ou refletem Deus? Ao longo de dois mil anos de história cristã, teólogos e estudiosos da Bíblia propuseram uma variedade de respostas diferentes para essa questão. Certa vez, fiz um curso de um semestre sobre a imagem de Deus e aprendi sobre todos eles, então deixe-me poupar-lhe do trabalho de fazer esse curso e resumir para você o que aprendi.

Ao longo da história cristã, houve três pontos de vista principais a respeito da imagem de Deus. A primeira, a visão *substantiva*, identifica a imagem com certas capacidades ou características que os seres humanos têm. Aqueles que aderem a essa visão identificam mais comumente a imagem com a nossa capacidade de raciocinar; outros, com a nossa capacidade de fazer escolhas morais, ou de conhecer e adorar a Deus, ou de iniciar relacionamentos amorosos com os outros. Ao longo dos séculos, essa forma de compreender a imagem — como uma capacidade humana particular — tem sido predominante.

Os seres humanos, espelham ou refletem Deus e *representam* a Deus, como um embaixador de um país estrangeiro representa o seu país.

A segunda, a visão *funcional*, identifica a imagem como algo para que fomos criados. Os seres humanos, de acordo com o relato de Gênesis, receberam de Deus a autoridade para exercer domínio sobre a terra. Imediatamente após declarar: "Façamos os seres humanos à nossa imagem", o Senhor Deus disse "Dominem eles sobre os peixes do mar, sobre as aves dos céus, sobre os animais de rebanho, sobre toda a terra e sobre todos os animais que rastejam sobre a terra" (v. 26). O próximo versículo repete essencialmente o que acaba de ser dito: "Então, Deus criou o ser humano à sua imagem [...]. Deus os abençoou e lhes disse: 'Sejam férteis e multipliquem-se! Encham e subjuguem a terra! Dominem sobre os peixes do mar, sobre as aves dos céus e sobre todos os animais que rastejam sobre a terra" (v. 27-28). Ao descrever a elevada consideração de Deus pelo homem, o escritor do salmo 8 repetiu esses versículos de Gênesis: "Tu o fizeste dominar sobre as obras das tuas mãos; sob os seus pés tudo puseste" (Salmos 8:6).

De acordo com essa visão, como portadores da imagem, os seres humanos devem exercer autoridade sobre a criação. Deus nos deu um "mandato sobre a criação" ou "mandato de mordomia", como às vezes é chamado, para preencher, subjugar e governar a terra. É esperado que usemos as habilidades que Deus nos deu para compreender e dominar a criação.

A terceira visão principal da imagem, conhecida como visão *relacional*, enfatiza que os humanos, como o Deus trino e uno, são seres que existem em relacionamento. Aqueles que defendem esse ponto de vista enfatizam que, após Deus declarar "Façamos os seres humanos à nossa imagem" (Gênesis 1:26), o versículo diz: "Então, Deus criou o ser humano à sua imagem, à imagem de Deus o criou; *homem e mulher* os criou" (v. 27).

De acordo com essa visão, ser criado à imagem de Deus é existir como pessoas em relacionamento. Assim como Deus existe como uma comunidade de pessoas — o Pai, o Filho e o Espírito Santo —, também somos pessoas plenamente humanas apenas em comunidade. Criados à imagem de Deus, os seres humanos são únicos na ordem criada, pois são capazes de relacionamentos genuínos. Na verdade, de acordo com Gênesis 1 e 2, existimos em quatro relacionamentos distintos, mas também intimamente inter-relacionados.

Primeiro, Adão e Eva foram criados em relacionamento com Deus. O Senhor conversou com eles (cf. Gênesis 2:16-17; 3:8-13) e teve comunhão com eles (3:8). Eles eram capazes de ouvir a voz de Deus e falar com ele. Segundo, estavam em relacionamento um com o outro (2:18-25). Como parceiros, como marido e mulher, Adão e Eva encontraram alegria e realização um no outro.

Terceiro, eles estavam em relação com a ordem natural. Formados do pó da terra (cf. Gênesis 2:7), faziam parte do mundo material e físico, e foram colocados no Jardim do Éden "para cultivá-lo e guardá-lo" (v. 15).

Finalmente, os humanos existem em relação com eles mesmos, pois têm a capacidade de exercer autorreflexão e de experimentar alegria (cf. Gênesis 2:23). Inicialmente Adão e Eva eram autoconfiantes em que estavam "nus e não sentiam vergonha" (cf. Gênesis 2:25).

De acordo com a visão relacional, ser "criado à imagem de Deus" significa que os seres humanos são constituídos por quatro relações — com Deus (espiritual), com outros humanos (social), com o mundo natural (físico) e com eles mesmos (psicológico).

Substantiva, funcional, relacional — essas são as três principais visões da imagem de Deus encontradas na história cristã. E, sem dúvida, um caso plausível pode ser apresentada para cada uma. Além disso, um número crescente de teólogos e estudiosos da Bíblia hoje defende uma visão inclusiva da imagem divina que abrange todos os três — capacidades, funções e relacionamentos.

Por exemplo, Nonna Harrison vê a imagem divina como presente "não apenas em um ou dois destes aspectos da identidade humana, mas em todos eles. São muitas facetas da esplêndida joia que cada pessoa humana pode se tornar."[2] Da mesma forma, a respeito da imagem de Deus, Cornelius Plantinga afirma que "pode-se dizer plausivelmente que consiste [...] em todo o conjunto dessas (e muitas mais) semelhanças [...]. A imagem emergirá, assim, como uma realidade rica e multifacetada, que compreende atos, relações, capacidades, virtudes, disposições e até emoções."[3] Finalmente, Anthony Hoekema afirma que por imagem de Deus "entendemos toda a doação de dons e capacidades que permitem ao homem funcionar como deveria em seus vários relacionamentos e vocações."[4]

---

[2] Nonna Harrison. *God's Many-Splendored Image*. Grand Rapids: Baker Academic, 2010. p. 5.
[3] Cornelius Plantinga Jr., Images of God. In: *Christian Faith & Practice in the Modern World*. Mark Noll e David Wells (eds.). Grand Rapids: Eerdmans, 1988. p. 52.
[4] Anthony Hoekema. *Created in God's Image*. Grand Rapids: Eerdmans, 1986. p. 70-71.

Caso você esteja se perguntando, a visão inclusiva é a que eu também defendo. E aprecio especialmente a forma como Hoekema a expressa, pois gosto de ver as várias capacidades (racionais, volitivas, espirituais etc.) e funções (trabalhar, servir, amar, governar) associadas à imagem como necessárias, não como fins em si mesmas, mas como meios para um fim, para que possamos viver o propósito ou objetivo pretendido por Deus para nós nos quatro relacionamentos — com Deus, com os outros, com o mundo, e nós mesmos.[5] A figura a seguir retrata a imagem de Deus em Gênesis 1 e 2 à luz desses quatro relacionamentos conforme originalmente planejados.

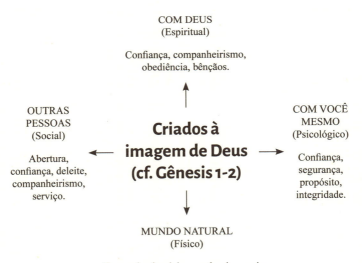

---

[5] Isso é semelhante ao que defendem o teólogo Stanley Grenz e o psicólogo cristão Todd Hall. Veja Stanley Grenz. *The Social God and the Relational Self.* Louisville: Westminster John Knox, 2001. 177-82; e Todd W. Hall. *Relational Spirituality:* A Psychological-Theological Paradigm for Transformation. Downers Grove: InterVarsity Press, 2021. p. 65-70.

A restauração da imagem de Deus

Infelizmente, por causa do trágico afastamento de Deus e da Queda de Adão e Eva (cf. Gênesis 3), os seres humanos perderam a capacidade de cumprir o propósito pretendido por Deus nos quatro relacionamentos. Como resultado do pecado, as nossas capacidades e funções foram severamente danificadas e prejudicadas. Todos os quatro relacionamentos ainda existem, mas também foram profundamente afetados. A imagem de Deus tornou-se uma imagem partida.

À luz de Gênesis 3, a próxima figura mostra o que aconteceu com os quatro relacionamentos como resultado da Queda:

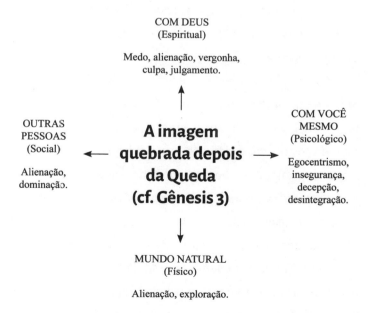

Consequentemente, fomos banidos do Jardim e nunca mais poderemos voltar (cf. Gênesis 3:23-24). Tal como Humpty Dumpty, "tivemos uma grande queda." Não há nada que possamos fazer para resolver o problema. Não importa o quanto tentemos, apesar de todos os nossos esforços, não podemos nos consertar por conta própria. "Nem mesmo todos os cavalos e todos os homens do rei poderão nos reunir novamente." Precisamos de ajuda externa. Pensamentos felizes e iniciativas não ajudam; precisamos de resgate.

É claro que é por isso que o próprio Deus veio na pessoa de seu Filho Jesus, que é a Palavra que se fez carne (cf. João 1:14-18) e o segundo Adão (cf. Romanos 5:12-19). Além disso, como já afirmei e como o Novo Testamento declara explicitamente (cf. 2Coríntios 4:4; Colossenses 1:15; Hebreus 1:3), ele próprio é o *eikon*, a imagem de Deus, a representação exata que perfeitamente incorpora a intenção de Deus para a humanidade criada à imagem divina.

Como Filho amado em comunhão com o Pai, Jesus viveu uma vida de perfeito amor e obediência à vontade do Pai. Por ser amado pelo Pai, ele, por sua vez, amou os outros a ponto de estar disposto a dar a vida por eles. Ele exerceu domínio sobre a natureza ao acalmar uma tempestade, andar sobre as águas e alimentar uma multidão com alguns pães e peixes. Também tinha um relacionamento correto consigo mesmo, sabia que era o Filho amado e cumpria com alegria a vontade do Pai.

Como Filho do Homem e segundo Adão, ele também veio para restaurar em nós a imagem divina, quebrada como consequência da Queda. Como Jesus disse, ele "veio buscar e salvar o que estava perdido" (cf. Lucas 19:10). Ele veio para restaurar o que foi perdido e distorcido por causa da Queda, para que aqueles que acreditam nele possam ser transformados e conformados à sua imagem (cf. Romanos 8:29; 2Coríntios 3:18).

De acordo com John Wesley, é disso que trata a salvação em Cristo, principal e fundamentalmente. Não é apenas

> a libertação do inferno, ou a ida para o céu, mas uma libertação atual do pecado, uma restauração da alma à sua saúde primitiva [...], a renovação da nossa alma segundo a imagem de Deus na retidão e na verdadeira santidade, na justiça, na misericórdia e na verdade.[6]

Este, insistiu Wesley, é "o grande fim da religião [...] para renovar nosso coração à imagem de Deus, para reparar essa total perda da justiça e da verdadeira santidade que sustentamos pelo pecado do nosso primeiro pai."[7]

A imagem de Deus e a cura

Compreender o que significa ser criado à imagem de Deus é fundamental para a crença cristã sobre os seres humanos e sobre a salvação. Também é crucial e fundamental para o ministério de cura. Frank Bateman Stanger, que escreveu e ensinou extensivamente sobre cura durante os anos em que foi presidente do Asbury Theological Seminary (1962-1982), resumiu bem:

---

[6] Gerald R. Cragg (ed.). A Further Appeal to Men of Reason and Religion. In: *The Works of John Wesley*, vol. 11, The Appeals to Men of Reason and Religion. Oxford: Clarendon, 1975. p. 106.

[7] Albert C. Outler (ed.). Original Sin. In: *The Works of John Wesley*, vol. 2, Sermons II, Nashville: Abingdon, 1985. p. 185.

> O ministério de cura da igreja repousa fundamentalmente na natureza dos homens e das mulheres, como criados por Deus à sua imagem [...] Jesus curou pessoas em vez de apenas curar doenças [...] A pessoa curada é restaurada e colocada novamente em [seu] verdadeiro destino.[8]

À medida que o ministério de cura de Jesus continua no mundo hoje por intermédio de seu corpo, a igreja, Jesus continua a curar pessoas, restaurando a imagem quebrada e conformando-as à sua própria imagem. Para aqueles de nós envolvidos no ministério de cura, vamos considerar o que isso significa ao procurarmos seguir Jesus, o Curador, e a "expressão exata" da imagem divina (cf. Hebreus 1:3).

Quando uma pessoa vem até nós para orar por cura, muitas vezes ela nos fala sobre um problema específico em uma área específica de sua vida. Às vezes é um problema físico como: "Eu tenho artrite severa em minhas mãos". Pode, também, ser um problema emocional, por exemplo: "Recentemente, tenho me sentido muito sobrecarregado de medo e ansiedade". Ou um problema espiritual: "Deus parece estar tão afastado e distante de mim neste momento".

O que eles descrevem é o "problema atual" e muitas vezes a razão pela qual nos procuram em busca de ajuda. E, certamente, quando oramos por essas pessoas, devemos honrar o seus pedidos e orar pela sua aparente necessidade de cura. Não é incomum conversarmos com elas ou orarmos para que comecem a focar naquele ponto de necessidade.

---

[8] Frank Bateman Stanger. *God's Healing Community*. Nashville: Abingdon, 1978. p. 26.

No entanto, muitas vezes o que as pessoas consideram necessidade pode ser demasiado limitado. Pode ter a ver apenas com um ou dois dos quatro relacionamentos (espiritual, social, psicológico e físico) que constituem a imagem de Deus. Ao ouvi-las e orar por elas, precisamos pensar em termos mais amplos. Precisamos procurar discernir como o "problema atual" pode afetar cada um dos quatro relacionamentos que constituem a imagem divina nelas.

É possível que o problema não afete cada relacionamento no mesmo grau e que afete alguns mais do que outros. Mas, como a cura tem a ver com a restauração da imagem de Deus, precisamos estar atentos aos quatro relacionamentos.

Quando uma pessoa pede uma oração de cura por uma necessidade física — "Tenho uma artrite dolorosa nas mãos", por exemplo —, além de fazer perguntas sobre sua condição física ("Há quanto tempo você sofre com isso? Quando isso aconteceu ou começou? O que seu médico acha ser a causa? Você toma remédios para aliviá-lo? Piora em determinados momentos?"), também deveríamos perguntar sobre os vários relacionamentos em sua vida.

Como isso afetou o relacionamento dessas pessoas com Deus? Elas acreditam que Deus deixou isso acontecer porque está chateado por alguma razão? Elas se sentem desapontadas e decepcionadas por Deus permitir essa condição? Sentem raiva de Deus ou têm dificuldade em confiar nele por causa disso? Como isso afetou o relacionamento com outras pessoas? Essa condição as afastou dos amigos e da comunidade? Isso levou ao isolamento social? O que eles acham que os outros estão dizendo sobre elas?

Jesus continua a curar pessoas, restaurando a imagem quebrada e conformando-as à sua própria imagem.

Será que se sentem envergonhadas e não querem ser vistas em público? Pensam que os outros são críticos e as desprezam?

E o relacionamento delas com elas mesmas? Elas sentem vergonha de ter essa condição? Acham que fizeram algo para merecer essa condição? Estão com raiva de si e se culpam por isso?

Ao ouvi-las, deveríamos orar e pedir ao Espírito Santo que revele o que pode estar acontecendo em cada uma dessas áreas. Talvez seja recomendável investigar sutilmente algumas questões relativas a esses vários outros relacionamentos, para que possamos incluí-las enquanto oramos.

Repetidas vezes, fiquei surpreso ao tomar essas medidas. Por exemplo, quando as pessoas se apresentam para orar em um culto de cura conduzido por mim em uma igreja local, simplesmente pergunto: "O que você quer que Jesus faça por você?" Frequentemente, elas descrevem alguma necessidade física que têm. Contudo, devido às limitações de tempo, não podemos realmente nos envolver em uma conversa em que podemos fazer os tipos de perguntas que acabei de descrever. Então, costumo orar: "Vem, Senhor Jesus; vem, Espírito Santo". E, depois de uma pausa de cinco ou dez segundos, começo a orar pelas suas necessidades físicas.

Então, à medida que continuamos (muitas vezes, trabalho com um parceiro de oração), ainda que eu esteja hesitante e inseguro, posso orar desta forma: "Senhor, se esta condição física afetou o relacionamento dele com você, se isso o fez ficar desapontado ou zangado com o Senhor, ou tornou difícil que ele confie em ti, o Senhor poderia vir agora mesmo e assegurá-lo de seu amor por ele? Poderia comunicar como se sente em relação a ele agora?"

Não sei dizer quantas vezes, ao orar assim, observei lágrimas encherem os olhos das pessoas. Jesus vem e transmite seu profundo amor e compaixão. Quando terminamos de orar, suas lágrimas se transformaram em alegria. Quer experimentem a cura física, quer não, há cura e renovação no seu relacionamento com Deus. Pois elas experimentaram o amor, a compaixão e a segurança de Jesus, em cuja presença, nas palavras do salmista, há "alegria plena" (cf. Salmos 16:11).

Compreender que cada pessoa por quem oramos é uma pessoa criada à imagem de Deus afeta significativamente a maneira como oramos pela cura. Todas as quatro relações precisam ser levadas em conta, e muitas vezes descobrimos como elas estão inter-relacionadas e interligadas, de modo que cada uma afeta as outras.

Às vezes, perdoar alguém que nos fez mal (cura social) ou perdoar a nós mesmos por um fracasso passado ou arrependimento (cura psicológica) resulta na cura de nosso corpo (físico). Conheço vários casos em que uma pessoa abandonou um rancor indesejável que nutria por alguém durante vários anos e, sem sequer pedir, também recebeu a cura para um problema físico que incomodava. Quando perdoaram, aparentemente o problema físico desapareceu por si próprio.

Como Jesus curou

Quanto mais estudava os milagres de cura de Jesus registrados nos Evangelhos, mais percebia que essa era, de fato, a maneira como Jesus curava. Em seu livro perspicaz *Healing in the New Testament* [Cura no Novo Testamento], o estudioso do Novo Testamento John Pilch baseia-se em *insights* do campo emergente da antropologia médica para lançar luz sobre o ministério de cura de Jesus. A antropologia médica — caso você nunca tenha ouvido falar — estuda a forma como a doença é vista em várias culturas, tanto do passado como do presente. Os especialistas na área costumam distinguir entre "doença" e "enfermidade". "Doença", segundo Pilch, é um termo mais restrito que "deriva de uma perspectiva biomédica que vê anormalidades na estrutura e/ou função dos sistemas orgânicos [...] A doença afeta os indivíduos, e apenas os indivíduos são tratados."[9] A enfermidade, por outro lado, é um termo mais amplo que "deriva de uma perspectiva sociocultural" e leva em conta como as pessoas doentes se percebem e como são vistas por sua comunidade. A enfermidade, portanto, "inevitavelmente afeta os outros: o cônjuge, a família, a vizinhança, a sociedade."[10]

A maioria dos americanos e europeus, à luz da ciência médica moderna, tende a ver a mazela, principalmente em termos biomédicos, como "doença". No entanto, pelo resto do mundo, o que poderíamos chamar de mundo majoritário, ela é vista principalmente em termos pessoais e sociais como "enfermidade". Os judeus do primeiro século também consideravam enfermidade, assim como Jesus. Era a isso que Frank Stanger se referia quando disse que "Jesus curou pessoas em vez de apenas

---

[9] John J. Pilch. *Healing in the New Testament*. Mineápolis: Fortress, 2000. p. 59.
[10] Pilch, 2000, p. 59.

curar doenças." Sua preocupação era com a pessoa como um todo e com as quatro dimensões relacionais da imagem de que falamos.

Pense, por exemplo, na mulher que sofreu uma hemorragia, provavelmente com sangramento vaginal e menstrual, durante doze anos (cf. Marcos 5:25-34). Ela gastou tudo o que tinha com médicos, "mas, em vez de melhorar, piorava" (v. 26).

Isso já era ruim o suficiente. No entanto, além do seu problema físico de longa duração, considere que, de acordo com a lei judaica, conforme explicitado em Levítico 15:25-27, a doença física tornou a mulher ritualmente impura. De acordo com o estudioso do Novo Testamento William Barclay, isso significava que:

> [...] ela nunca poderia assistir a um culto na sinagoga; ninguém poderia se deitar na mesma cama que ela; ninguém poderia sequer sentar-se na mesma cadeira. Ela era isolada de toda vida religiosa e social [...] excluída da adoração a Deus, da sociedade e de seus amigos, e até mesmo de sua família.[11]

No entanto, apesar de tudo isso, quando a mulher ouviu falar de Jesus, o Curador, a fé cresceu dentro dela. "Se eu apenas tocar no seu manto," ela pensou: *"serei curada"* (cf. Marcos 5:28). Como, porém, ela poderia fazer contato com ele? Se tocasse nele, ele ficaria impuro, assim como qualquer pessoa da multidão que fosse tocada. Ela estava muito envergonhada e com medo de ir até Jesus e contar-lhe sua situação.

---

[11] William Barclay. *And He Had Compassion*. Valley Forge: Judson, 1976. p. 47.

Mesmo em meio à fé e ao desespero, a mulher elaborou um plano. Como todos os judeus religiosos, conforme prescrito em Números 15:37-41, Jesus usava franjas nas pontas de seu manto. "Se eu pudesse tocar em um deles," ela pensou: "ninguém, nem mesmo Jesus, notaria. E eu serei curada." Então foi isso que ela fez. E, quando o fez: "Imediatamente, a hemorragia cessou, e ela percebeu em seu corpo que estava curada daquele mal" (Marcos 5:29). Que milagre! Depois de doze anos ela finalmente foi curada. Ao saber que havia recebido a cura física que tanto desejava, suspeito que tudo o que ela queria fazer era escapar silenciosamente e despercebida.

Entretanto, Jesus tinha a intenção de curá-la por completo, e não apenas curar a doença. Ele sabia que "dele havia saído poder" (cf. Marcos 5:30), mas queria fazer mais do que curar o corpo da mulher. Então, ele parou e insistiu em descobrir quem na multidão havia tocado nele. A mulher estava sem dúvida envergonhada e constrangida; a última coisa no mundo que queria era ser exposta daquele jeito. Finalmente, porém, ela avançou, "prostrou-se aos seus pés e, tremendo de medo, contou-lhe toda a verdade" (v. 33).

Naquele momento, a mulher esperava ser severamente repreendida por Jesus e a multidão, mas a primeira palavra que Jesus lhe dirigiu mudou tudo: "Filha" (v. 34). Ele não a chamou de "mulher", mas de "filha" — um termo carinhoso intensamente pessoal, um termo que conferia dignidade e pertencimento a ela, que implicava família e comunidade. "Filha, a sua fé curou você! Vá em paz e fique livre do seu sofrimento" (v. 34). Jesus elogiou a mulher por sua fé. Ele a abençoou com *shalom* — paz com Deus, com ela mesma e com os outros. E concedeu a ela liberdade e independência; todas as quatro dimensões da imagem divina quebrada — espiritual, social, física e psicológica — foram restauradas.

Antes e agora Jesus procura curar as pessoas inteiramente. E ele nos convida a nos juntar a ele em um ministério de cura como esse.

CAPÍTULO CINCO

Jesus, a cura e o reino de Deus

O reino de Deus foi o tema central na pregação de Jesus. Ao viajar pela Galileia, ele proclamou: "O tempo é chegado [...] O reino de Deus está próximo. Arrependam-se e creiam no evangelho!" (Marcos 1:15). O reino de Deus também foi o tema central em seu ensino no Sermão do Monte (Mateus 5–7) e em suas parábolas.

Neste capítulo, queremos considerar a estreita relação entre o reino de Deus e a cura — a outra atividade importante, juntamente à pregação e ao ensino, no ministério de Jesus (cf. Mateus 4:23; 9:35). E gostaríamos de refletir sobre as implicações que esse relacionamento tem para nós à medida que nos unimos e seguimos Jesus no seu ministério contínuo de cura.

A cura e a chegada do Reino

Quando Jesus anunciou a chegada do Reino, as esperanças e expectativas judaicas de um Messias vindouro, conforme predito pelos profetas do Antigo Testamento, estavam em alta. Acreditava-se que o Messias derrotaria implacavelmente os inimigos de Deus — e especialmente os inimigos de Israel — e poria fim à vigente era maligna de pecado, sofrimento, doença e morte. Ele inauguraria o reino de Deus e a era vindoura. O Espírito Santo seria derramado. Uma nova criação surgiria e os mortos ressuscitariam. Finalmente, Deus governaria soberana, justa e pacificamente sobre seu povo e sobre o mundo inteiro. Seu plano original para a criação seria restaurado.

Então, quando Jesus declarou "A era vindoura está aqui; o reino de Deus está próximo", foi realmente algo significativo. Ele afirmou que o dia de que os profetas falaram e pelo qual o povo esperava havia chegado. Sinais da presença e atividade do Reino surgiam para todos verem. O reinado de Deus estava tão próximo que não poderia ser ignorado. O que estava acontecendo exigia uma resposta: "Arrependam-se e acreditem nas boas-novas."

Esses sinais estavam presentes nas palavras de Jesus — sua pregação e seu ensino do Reino. E eles também estiveram presentes em seus *atos* — suas obras poderosas, seus milagres. E, claro, é exatamente aí que entra a cura.

Referi-me à declaração resumida de Mateus sobre o ministério triplo de Jesus (cf. Mateus 9:35) várias vezes antes. Anteriormente em seu evangelho, há uma declaração semelhante, mas ampliada, que descreve quando Jesus entrou em cena pela primeira vez:

> Jesus percorreu toda a região da Galileia, ensinando nas sinagogas, pregando o evangelho do reino e curando todas as enfermidades e doenças no meio do povo. Notícias sobre ele se espalharam por toda a Síria, e o povo lhe trazia todos os que sofriam de vários males e tormentos: endemoniados, epiléticos e paralíticos; e ele os curava. Grandes multidões o seguiam, vindas da Galileia, de Decápolis, de Jerusalém, da Judeia e da região do outro lado do Jordão (4:23-25).

Observe como Mateus destacou o impacto profundo e imediato do ministério de cura de Jesus. Seus milagres de cura eram evidências *à primeira vista* da presença do Reino, significando que o tempo estava cumprido e o reino de Deus estava próximo. Na verdade, segundo o teólogo Jürgen Moltmann, após a proclamação do evangelho, "a cura dos enfermos é o testemunho mais importante de Jesus sobre o alvorecer do reino de Deus."[1] A cura também inclui a expulsão de demônios. Na passagem que acabamos de citar, as pessoas trouxeram seus doentes e possessos a Jesus, e ele curou a todos. Isso revela que Deus estava, então, agindo por meio das palavras e ações de Jesus e lançando um ataque frontal ao reino de Satanás. Jesus entrou na casa do homem forte (o reino de Satanás) e amarrou-o (cf. Marcos 3:27) para que homens e mulheres pudessem ser libertados do seu poder. A cura, e especialmente a expulsão de demônios, é uma evidência

---

[1] Jürgen Moltmann. *The Source of Life*. Londres: SCM, 1997. p. 64.

inequívoca disso e sinaliza a irrupção do reino de Deus. Como enfatizou o estudioso bíblico George Eldon Ladd: "O poder de Jesus sobre os demônios foi a revelação de que os poderes da era vindoura invadiram a era maligna vigente. Foi a prova de que o reino de Deus, que pertence à era do futuro de quando Cristo vier em glória, já penetrou nesta era."[2]

Alguns líderes religiosos judeus atribuíram o poder inegável por trás dos exorcismos de Jesus ao próprio Satanás. Jesus respondeu: "Se Satanás expulsa Satanás, está dividido contra si mesmo. Como, então, o seu reino subsistirá?" (Mateus 12:26). Seu poder, insistiu ele, vinha de outra fonte e significava um Reino diferente: "Mas, se é pelo Espírito de Deus que eu expulso demônios, então chegou a vocês o reino de Deus" (v. 28).

O ministério de cura de Jesus — a cura dos enfermos e a expulsão de demônios — está completamente ligado ao reino de Deus. Ele proclamou o Reino por intermédio de suas palavras (pregação e ensino), e promulgou o Reino por suas ações (cura).

Esse ministério de cura também autenticou o próprio Jesus como o Messias e Rei que inaugurou o Reino. Quando preso, João Batista teve dúvidas e quis saber: "És tu aquele que haveria de vir ou devemos esperar outro?" (Mateus 11:3), Jesus não deu a João uma resposta direta. Em vez disso, apontou para o seu ministério de cura predito pelo profeta Isaías (cf. Isaías 35) como evidência convincente de quem ele era: "Voltem e anunciem a João o que vocês ouvem e veem: os cegos veem, os aleijados andam,

---

[2] George Eldon Ladd. *The Gospel of the Kingdom*. Grand Rapids: Eerdmans, 1959. p. 48.

os leprosos são purificados, os surdos ouvem, os mortos são ressuscitados e o evangelho está sendo pregado aos pobres" (Mateus 11:4-5).

O ministério de cura de Jesus sinalizou assim a chegada do Rei messiânico e, por sua vez, a inauguração da era vindoura, o reino de Deus. Cura, Messias e reino de Deus — os três são inseparáveis. A natureza e o propósito da cura estão, portanto, ligados à natureza e ao propósito do Reino introduzido por Jesus, o Messias.

Compreender isso é crucial para aqueles de nós envolvidos no ministério de cura. Diz-nos que o ministério de cura não funciona como um fim em si mesmo ou como uma lei em si mesma. Deve sempre ser colocado no contexto adequado — o reino de Deus. Para compreender corretamente a cura, devemos compreender corretamente o Reino.

O mistério do Reino

Compreender corretamente o Reino não é tão simples como poderíamos pensar. Certamente não foi para os primeiros discípulos. Jesus fez o possível para ajudá-los a entender, mas, mesmo em sua última conversa com eles, pouco antes de ascender ao céu, eles ainda estavam bastante confusos sobre o Reino (cf. Atos 1:6-7).

Como a maioria dos judeus do primeiro século, eles acreditavam que, no final dos tempos, Deus, por intermédio do seu Messias, traria um fim dramático à presente era maligna, caracterizada por pecado, sofrimento, doença e morte. Esse fim também marcaria o início da era vindoura, o reino de Deus, caracterizado por justiça, integridade, ressurreição dos mortos e derramamento do Espírito prometido.

Contudo, o que Jesus fez e ensinou mexeu com a linha do tempo deles. O que eles esperavam que acontecesse de uma só vez no clímax, em um futuro distante, estava começando a acontecer aqui e agora, no presente imediato. Suas curas e libertações demoníacas eram evidências irrefutáveis de que o Reino que eles acreditavam que seria inaugurado no fim dos tempos já havia *de fato chegado*. Então, foi esse o fim? Eles ficaram confusos porque Jesus também ensinou que a plenitude do Reino ainda estava *por vir*. Ele instruiu seus discípulos a orar: "Venha o teu reino; seja feita a tua vontade na terra como no céu" (Mateus 6:10). Da mesma forma, em muitas de suas parábolas, Jesus enfatizou que, embora o Reino estivesse *realmente* presente naquele momento, não estava *totalmente* presente e seria consumado no futuro. Como uma minúscula semente de mostarda, ela germinou e cresceu. Todavia, certamente ainda não era a árvore frutífera que estava destinada a se tornar. Como o fermento, ele trabalhava no pão, mas a massa ainda tinha muito para crescer (cf. Mateus 13:31-33).

Então, o Rei Messias veio, e o Reino definitivamente irrompeu. Os cegos podiam ver e os coxos podiam andar. Os sinais da nova criação estavam presentes como nunca. No entanto, durante todo o tempo, os sinais da velha criação ainda estavam muito presentes. O sofrimento, a doença, o mal e a morte — a evidência do reino de Satanás — ainda existiam. O trigo estava brotando, mas o joio plantado pelo Inimigo também crescia (cf. Mateus 13:24-30). Nem todos estavam sendo curados (cf. Marcos 6:1-6; João 5:1-9), e aqueles que foram curados acabaram morrendo.

Assim, Jesus exortou seus discípulos a vigiar e orar, a esperar e trabalhar pelo retorno do Rei, quando ele viesse em sua glória final para consumar o Reino (cf. Mateus 25). Nesse tempo, Satanás, que já havia sido derrotado, seria destruído de uma vez por todas. O sofrimento, o pecado e a morte não existiriam mais. Deus viria e habitaria entre seu povo para sempre.

O Reino e o reinado de Deus *já estavam* aqui e *ainda não* estavam aqui. Esse era o mistério do Reino, e Jesus disse que nem todos tinham olhos para ver ou perceber esse mistério, a *natureza dual* do Reino. Por isso ele ensinou por parábolas, para que permanecesse um segredo e um mistério para alguns, mas fosse divinamente revelado a outros (cf. Mateus 13:11-17).

Até os discípulos de Jesus não compreenderam isso verdadeiramente na maior parte do tempo. Como muitos judeus do primeiro século, sua perspectiva do Reino era míope, nacionalista e egoísta (cf. Marcos 10:35-45). Eles tinham ouvido a pregação e o ensino do reino de Jesus. Haviam visto milagres de cura no seu Reino. Confessaram que ele era, de fato, o Messias, aquele que inaugurou o Reino (cf. Marcos 8:27-30). Entretanto, ainda estavam presos a um modo de pensar judaico convencional.

Foi a ressurreição de Jesus dentre os mortos (Páscoa) e o derramamento do Espírito (Pentecostes) que finalmente alteraram a perspectiva deles. Com isso, eles se tornaram confiantes de que o reino de Deus, a era futura e todas as coisas que se associavam a ele — a ressurreição dos mortos, a plenitude do Espírito, a nova criação — tinham, de fato, chegado e já estavam presentes.

Contudo, eles também tinham certeza de que, devido à presença contínua de Satanás, do mal, do sofrimento e da morte, o Reino ainda estava por vir e não havia chegado completamente. Estava verdadeiramente presente, mas apenas de modo parcial, não total. O Reino seria final e totalmente consumado quando o Rei retornasse.

O estudioso do Novo Testamento Gordon Fee resumiu muito bem o que eles passaram a acreditar e como isso moldou a maneira como viviam:

> Em vez da expectativa do fim dos tempos totalmente futuro, ainda por vir, das suas raízes judaicas, com a sua esperança de um Messias vindouro acompanhado pela ressurreição dos mortos, os primeiros crentes reconheceram que o futuro já havia sido posto em movimento. A ressurreição de Cristo marcou o início do fim, a virada dos tempos.
>
> No entanto, o fim tinha apenas começado; eles ainda aguardavam o evento final, a (agora segunda) vinda do seu Messias Jesus, na qual eles também experimentariam a ressurreição/transformação do corpo. Eles viviam "entre os tempos"; o futuro *já havia* começado, mas *ainda não* havia sido completamente cumprido. Essa perspectiva de já/ainda não, em que eles acreditavam já estar vivendo no tempo do fim, embora ainda estivesse para ser consumado [...] determinou tudo sobre eles — como viviam, como pensavam e como entendiam seu próprio lugar no mundo atual, que agora era entendido como estando em vias de extinção.[3]

---

[3] Gordon Fee. *Paul, the Spirit, and the People of God*. Peabody: Hendrickson, 1996. p. 51, ênfase no original.

Os primeiros seguidores de Jesus viveram no que Fee chamou de "o meio radical" — entre o início e a consumação do fim — insistindo que o futuro está aqui (já) e não totalmente aqui (ainda não). É por isso que o apóstolo Paulo orava fervorosamente e esperava regularmente ver invasões e demonstrações milagrosas do poder curador de Deus, mas ele também enfatizou que tal poder muitas vezes se manifestava na fraqueza (2Coríntios 12:1-10). O poder do Reino era "às vezes atestado por sinais e maravilhas e outras vezes pela alegria em grande aflição".[4]

Expectativa do Reino na cura

Essa perspectiva do "Reino intermediário radical" do Novo Testamento é fundamental para a nossa compreensão da cura. Consideremos as suas implicações práticas para o ministério de cura.

Em primeiro lugar, saber que o reino de Deus está "aqui" fortalece a nossa fé e aumenta a nossa expectativa no poder e na capacidade de Jesus para curar agora. No relato de Lucas (4:16-21), Jesus começou seu ministério público na sinagoga de sua cidade natal, Nazaré, quando abriu o rolo e leu o texto do profeta Isaías. É significativo que, depois de ter lido a passagem familiar ("O Espírito do Senhor está sobre mim [...]"), a sua primeira palavra registrada por Lucas foi "hoje". "*Hoje* se cumpriu a Escritura que vocês acabaram de ouvir" (cf. Lucas 4:21). Jesus estava declarando que a hora é agora. O Reino, o tempo do reinado de Deus, quando as promessas de Deus serão cumpridas, é *hoje*.

---

[4] Fee, 1996, p. 146.

No ministério de cura, porque o reino de Deus veio na pessoa e no ministério de Jesus, ele é sempre hoje.

Alguns cristãos insistem que a cura foi apenas para *ontem* ou para *algum dia*, mas não para *hoje*. Eles não negam que a cura desempenhou um papel vital no ministério de Jesus e dos apóstolos. No início foi necessário colocar a igreja em funcionamento. No entanto, eles insistem que esse não é mais o caso desde que a igreja foi estabelecida. A cura, então, era para *ontem*. Acreditam que isso aconteceu, sim, no passado, mas foi para ontem — não agora.

É também para o futuro, para *algum dia*, quando Jesus retornar. Então, como afirmam as Escrituras: "Ele enxugará de seus olhos toda lágrima. Não haverá mais morte, nem aflição, nem choro, nem dor, porque as coisas antigas já passaram" (Apocalipse 21:4). Sim, isso acontecerá algum dia, mas não agora, na atual ordem das coisas. Por enquanto, podemos olhar para Jesus para obtermos conforto e força para suportar o sofrimento, mas *não* para a cura.

Dado o crescente conjunto de evidências da história da igreja que atesta o contrário[5] e, acima de tudo, dado o enorme papel que a cura tem desempenhado no crescimento do cristianismo global nos últimos cinquenta anos,[6] há cada vez menos pessoas que ainda aderem doutrinariamente a essa posição. Os cessacionistas, como são chamados, acreditam que, em geral,

---

[5] Veja Amanda Porterfield. *Healing in the History of Christianity*. Oxford: Oxford University Press, 2005; e Francis MacNutt. *The Healing Reawakening*. Grand Rapids: Chosen, 2005.
[6] Veja Candy Gunther Brown (ed.). *Global Pentecostal and Charismatic Healing*. Nova York: Oxford University Press, 2011; Craig S. Keener. *Miracles: The Credibility of the New Testament Accounts*, 2 vols., Grand Rapids: Baker Academic, 2011.

os milagres de cura cessaram depois do tempo de Jesus e dos apóstolos.[7] Mesmo que não aderissem estritamente a esse pensamento, muitos cristãos hoje, especialmente na Europa e na América do Norte, se posicionam como cessacionistas *práticos*. Eles afirmam doutrinariamente a possibilidade da cura divina, mas nunca esperam ou acreditam que ela acontecerá.

Em nítido contraste, para aqueles de nós moldados por uma visão neotestamentária do Reino, do *já/ainda não*, e que buscam viver no "meio radical", nossa primeira palavra ao abordar o ministério de cura é para *hoje*, não *ontem* nem *algum dia*. Embora entendamos que o Reino *já* existe (já chegou) e *ainda não* (está chegando), nosso ponto de partida deveria ser o *já*, e não o *ainda não*. Portanto, declaramos com confiança o avanço do Reino. Anunciamos com ousadia a era vindoura, a era futura que invadiu a presente era na pessoa e na obra de Jesus, o Messias, na sua ressurreição dentre os mortos e no derramamento pentecostal do Espírito Santo. Sim, o reino de Deus irrompeu. E continua a irromper de tempo em tempo, misteriosa e imprevisivelmente, sem dúvida, mas com segurança e certeza, ainda assim.

Quando Jesus enviou seus doze discípulos, ele lhes deu estas instruções específicas: "Por onde forem, preguem esta mensagem: 'O reino dos céus está próximo'. Curem os enfermos, ressuscitem os mortos, purifiquem os leprosos, expulsem os demônios. Vocês receberam de graça; deem também de graça." (Mateus 10:7-8).

---

[7] Para uma excelente refutação aos vários argumentos cessacionistas, consulte Jack Deere. *Surprised by the Power of the Spirit*. Grand Rapids: Zondervan, 1993. p. 223-52. Veja também sua recente reformulação deste livro: *Why I Am Still Surprised by the Spirit*. Grand Rapids: Zondervan Reflective, 2020.

Negar a possibilidade de cura hoje é negar o que Jesus disse sobre a presença do Reino agora.

Mais tarde, ele enviou 72 outros discípulos e os instruiu como deveriam proceder ao entrar em uma cidade: "Curem os doentes que ali houver e digam-lhes: 'O reino de Deus está próximo de vocês" (Lucas 10:9).

Jesus ordena aos seus seguidores que façam o mesmo hoje — proclamar as boas-novas de que o reino de Deus está próximo e curar os enfermos. Então, fazemos o que ele disse. Podemos estar inseguros sobre como Jesus agirá, inseguros de nós mesmos e preocupados em decepcionar os outros se nada acontecer, aparentemente. Contudo, com "temor e tremor" e profunda humildade, oramos com ousadia pela cura, porque queremos ser obedientes aos seus mandamentos. Em última análise, é isso que nos move. Ken Blue está certo: "A razão final para assumir o ministério de cura é simplesmente a obediência a Jesus Cristo."[8] Além disso, negar a possibilidade de cura hoje é negar o que Jesus disse sobre a presença do Reino agora.

Quando oramos por cura, certamente não devemos ser presunçosos. Entretanto, porque acreditamos que o que Jesus disse é verdade — o Reino está aqui — devemos orar com ousadia e confiança pela cura, esperando-a pela fé agora. Derek Morphew disse bem: "Cada vez que você ora pelos enfermos, deve estar cheio de expectativa. O véu foi rasgado. Tudo é possível a qualquer momento, inclusive a libertação dos cativos, a cura dos enfermos e a ressurreição dos mortos."[9]

---

[8] Ken Blue. *Authority to Heal*. Downers Grove: InterVarsity Press, 1987. p. 115.
[9] Derek Morphew. *Breakthrough:* Discovering the Kingdom. Cidade do Cabo: Vineyard International, 2006. p. 88.

O mistério do Reino e da cura

Ao mesmo tempo, porém, devemos reconhecer com humildade e franqueza que muitas vezes aqueles por quem oramos não são curados da maneira como esperávamos ou prevíamos. Uns são curados apenas parcialmente. Outros, ainda, não recebem cura alguma. Mesmo aqueles que são milagrosa e maravilhosamente curados envelhecerão e morrerão. Sim, o Reino já existe, mas também ainda não existe por completo. Devemos enfatizar isso também. Como Ladd explicou:

> No reino escatológico [final], todos [...] serão salvos da doença e da morte na vida imortal da ressurreição. No atual funcionamento do Reino, esse poder salvador alcançou apenas alguns. Nem todos os doentes e aleijados foram salvos nem todos os mortos ressuscitaram [...] O poder salvador do Reino ainda não estava universalmente operante.[10]

Isso nos leva a uma segunda implicação importante que a teologia do Reino tem para o ministério de cura: a compreensão de que o Reino ainda não chegou plenamente nos permite alcançar um acordo com as ambiguidades e limitações associadas ao ministério de cura.

Uma variedade de fatores humanos desempenha um papel significativo na cura. Desespero (cf. Marcos 10:46-52), oração (cf. Marcos 9:28-29; Lucas 11:9-13; Tiago 5:17-18), fé (cf. Marcos 5:34, 6:5-6; Tiago 5:15), confissão (cf. Tiago 5:16), obediência

---

[10] George Eldon Ladd. *A Theology of the New Testament*. Grand Rapids: Eerdmans, 1974. p. 76.

(cf. Lucas 17:11-14), doação (1Coríntios 12:28; Tiago 5:14) — esses são alguns fatores mencionados no Novo Testamento. E eles precisam ser levados em consideração. No entanto, é sempre um erro reduzir a cura a uma fórmula simplista baseada em qualquer um desses fatores. É um erro insistir, por exemplo, que "Se ao menos fulano de tal tivesse mais fé...", ou "Se ao menos tivéssemos orado e jejuado mais...", ou "Se alguém mais talentoso tivesse orado...", "... então a pessoa teria sido curada."

Mais tarde examinaremos o papel que a fé desempenha na cura, uma vez que tem havido muitos mal-entendidos e confusões sobre isso. Mas o ponto que precisamos entender aqui é: sempre que tentarmos descartar ou *negar* a dimensão ainda não existente do Reino, tornando o fator humano *fundamental* na cura, teremos problemas.

É claro que os fatores humanos são significativos; aqueles que têm experiência no ministério de cura reconhecem o quão cruciais são. Contudo, porque o reino de Deus é o nosso contexto para a cura, a natureza *já/ainda não* do Reino deve sempre permanecer a consideração final que informa a nossa abordagem ao ministério. Sempre que alguém é curado, essa cura dá testemunho de que o reino de Deus já está aqui. E, sempre que alguém não é curado, a falta de cura dá testemunho de que o reino de Deus ainda não chegou. O que acontece e o que não acontece está enraizado, primeiramente, na natureza *já/ainda não* do Reino.

Sempre que oramos pelos enfermos, devemos orar *com ousadia*, mas também devemos orar com *humildade*. Como Derek Morphew também aconselha sabiamente: "Você deveria 'se soltar' no mistério. Quando nada acontecer, não fique 'perturbado'. Afinal, esta é a dimensão 'ainda não' em que vivemos. As respostas atrasadas às orações e as coisas que ainda não chegaram fazem parte do Reino."[11]

Não se engane, isso nem sempre é fácil de fazer. "Permanecer solto no mistério", orar com expectativa, mas humildemente, viver no "meio radical", evitando os extremos da presunção e da incredulidade muitas vezes será desconfortável e perturbador. Seremos tentados a resolver a tensão *já/ainda não* e a remover a ambiguidade e o mistério do Reino.

Frequentemente, outros nos encorajarão a fazer isso. "O que você está dizendo é muito complicado", reclamarão. "Você não pode simplificar?" Não, não podemos. O reino de Deus não pode ser reduzido a uma frase de efeito. Até o retorno do Rei, permanecerão ambos — *já* e *ainda não*. Devemos resistir ao impulso de ceder aos seus desejos, optar, em vez disso, por abraçar o lugar desconfortável da tensão bíblica, em vez de nos mover para um extremo lógico que possa parecer fazer mais sentido para os outros.

As chaves do Reino são chaves de cura

Ao encerrar este capítulo, quero mencionar brevemente uma implicação adicional que uma compreensão correta do reino de Deus tem para o ministério de cura. Como o Reino é o contexto para a cura, o que Jesus ensinou sobre ele — especificamente a sua natureza e os seus valores, conforme estabelecidos no Sermão do Monte (Mateus 5-7) e nas parábolas do Reino — também é essencial para o ministério de cura.

---

[11] Morphew, 2006, p. 88.

As condições que criam um contexto para a cura na vida das pessoas são as mesmas que criam um contexto para a inauguração e o crescimento do Reino. Considere, por exemplo, as palavras familiares da oração do Pai-Nosso: "Venha o teu reino; seja feita a tua vontade na terra como no céu." Jesus estava nos dizendo que a presença do Reino aumenta e se expande sempre e onde quer que Deus reine e a vontade dele seja feita.

Em *Letters on the Healing Ministry* [Cartas sobre o ministério de cura], Albert Day (1884-1973) expôs com perspicácia as implicações dessa verdade para a nossa compreensão e prática da cura:

> Deus atua na cura onde Deus reina. Deus não reina onde sua vontade é desprezada [...] Somente onde Deus verdadeiramente reina, onde a vontade de Deus é aceita, onde a obediência e a cooperação das pessoas dão a Deus carta branca em sua vida, é que Deus lhes dará saúde no lugar da doença, verdade no lugar do erro, santidade no lugar da maldade e beleza no lugar de cinzas. A condição primordial para a cura é, portanto, entrar no reino, deixar Deus reinar, dar liberdade a Deus na vida de alguém.[12]

Muitas vezes, aqueles por quem oramos não recebem cura porque se recusam a aceitar e obedecer aos princípios do reino de Jesus. Por exemplo, quando Pedro perguntou a Jesus quantas vezes deveríamos perdoar alguém que persiste em pecar contra nós, Jesus disse: "Eu digo a você que não até sete, mas até setenta vezes sete" (cf. Mateus 18:22). Ele procedeu em explicar o que

---

[12] Albert Day. *Letters on the Healing Ministry*. Nashville: Abingdon, 1986. p. 52.

isso significa contando uma parábola do Reino sobre um servo implacável (v. 23-35).

Qualquer pessoa que tenha estado significativamente envolvida no ministério de cura lhe dirá quão importante é a disposição de alguém em perdoar os outros para experimentar a cura.[13] Certa vez, ouvi Charles Kraft dizer: "A falta de perdão impede que mais pessoas recebam a cura de Deus do que qualquer outra coisa no mundo." Compreender o contexto do Reino para a cura revela a razão disso.

Ou, então, considere os valores do Reino que Jesus estabeleceu no início do Sermão do Monte, nas Bem-Aventuranças (cf. Mateus 5:1-12). Ele disse que abençoados seriam os pobres de espírito, os que choram, os mansos, os que têm fome e sede de justiça, os misericordiosos, os puros de coração, os pacificadores e aqueles que são perseguidos por causa da justiça. Todas essas chaves para receber as bênçãos do Reino também são chaves para receber bênçãos de cura.

Então, podemos resumir desta forma: as condições para a cura estão de acordo com as condições para a nossa entrada, seguimento e crescimento no Reino. É simples assim.

---

[13] O perdão é uma questão complicada, e perdoar os outros muitas vezes envolve um processo lento. Aqueles que se dedicam à oração de cura devem aprender tudo o que puderem sobre isso. Escrevi um capítulo sobre isso no meu livro *Wounds That Heal:* Bringing Our Hurts to the Cross. Downers Grove: InterVarsity Press, 2003. p. 130-47.

CAPÍTULO SEIS

Abraçando o mistério da cura

Quando eu estava na oitava série, meu professor de inglês fez nossa turma memorizar *Flower in the Crannied Wall* [Flor na parede fendida], um poema com seis versos do famoso poeta vitoriano do século 19, Alfred Lord Tennyson:

> Flor na parede fendida,
> Eu colho você das fendas,
> Seguro-te aqui, com raiz e tudo, em minha mão,
> Pequena flor — mas se eu pudesse entender
> O que você é, raiz e tudo, e tudo em tudo,
> Eu deveria saber o que é Deus e o homem.[1]

---

[1] Bennett Cerf, Donald Klopper e Robert Haas (eds.). *The Poems and Plays of Alfred Lord Tennyson*. Nova York: Random House, 1938. p. 721.

Devo confessar que, quando o recitei, não tinha ideia do que o poema significava. Eu nem tinha certeza do que era uma "parede fendida". Felizmente, eram apenas seis linhas e fáceis de memorizar! Todavia, esse poema ficou comigo ao longo dos anos. Na verdade, é a única coisa que me lembro de ter aprendido naquela aula de inglês! E, com o passar do tempo, comecei a apreciar o que Tennyson estava tentando nos dizer.

Podemos segurar uma florzinha nas mãos. Podemos observá-la e analisá-la cuidadosamente, como faria um botânico experiente. No entanto, mesmo com uma flor minúscula e insignificante, estamos na presença do mistério. Qual é a sua essência? De onde veio? Por que é assim? Quem pode dizer? Há tanta coisa aqui que não sabemos e não conseguimos entender. E, se esse é o caso, mesmo com uma florzinha, não é verdade para tudo?

Em toda a vida, somos confrontados com um elemento de mistério, muito mais do que podemos conhecer ou compreender plenamente. Como cristãos que afirmam a doutrina da Trindade, não deveríamos ficar surpresos. Nossa crença fundamental de que Deus é três pessoas em uma divindade e um em três também nos diz isso. Embora não seja uma crença irracional ou ilógica, a Trindade transcende a razão humana. Nossa mente é incapaz de compreendê-la completamente. O catecismo da Igreja Católica resume bem: "A Trindade é o mistério central da fé e da vida cristã. É a fonte de todos os outros mistérios da fé cristã, a luz que os ilumina."[2]

---

[2] Catechism of the Catholic Church, citado por Michael Downey. *Altogether Gift*: A Trinitarian Spirituality. Maryknoll: Orbis, 2000. p. 40.

Mais do que qualquer outra doutrina cristã, a Trindade coloca diante de nós o mistério de Deus e aponta para um elemento de mistério em todos os aspectos da nossa fé. Nossos mais elevados poderes de raciocínio e nossas categorias lógicas mais profundas nunca penetrarão ou compreenderão, explicarão ou conterão, resolverão ou removerão o mistério de Deus. Nossas melhores palavras sobre Deus são apenas tentativas débeis e vacilantes de expressar o que nunca pode ser transmitido completa ou adequadamente em qualquer linguagem humana. Deus não pode ser capturado ou aprisionado em nenhuma de nossas categorias, e ele repetidamente sai de nossas "caixas" cuidadosamente construídas.

Ao mesmo tempo, devemos ter claro que o mistério da Trindade não significa que não saibamos nada definitivo sobre Deus, uma vez que "de qualquer maneira, é tudo um mistério." No inglês atual, mistério é algo obscuro, sombrio, secreto ou intrigante, como um mistério de assassinato. Se algo é "misterioso", é inexplicável, incompreensível e enigmático. Contudo, a palavra grega usada pelos escritores do Novo Testamento tinha um significado diferente. Em vez de um segredo impenetrável e trancado, é um segredo aberto, revelado.

A Trindade, como todos os mistérios da fé cristã, é uma verdade além da derivação ou descoberta humana. Nós apenas entendemos isso pois Deus tomou a iniciativa e nos revelou. Porque Deus "nos falou por meio do Filho" (cf. Hebreus 1:2), os cristãos acreditam que nos foi dado o conhecimento definitivo de Deus. E assim proclamamos com confiança que Deus, como Pai, Filho e Espírito Santo, é três em um e um em três.

Nosso conhecimento *definitivo* de Deus, entretanto, não é exaustivo. À medida que *apreendemos* a autorrevelação trina e una de Deus, também reconhecemos e confessamos com alegria que não *compreendemos* Deus completamente. Somos gratos a ele por ter se revelado a nós, mas também reconhecemos que o todo mais amplo escapa de nosso alcance.

Ministério de cura e mistério

Porque a criação traz as marcas da característica trinitária de Deus, a cada passo ficamos na presença do mistério. No entanto, nenhuma área do ministério cristão nos obriga a lidar com isso tanto e com tanta frequência como o ministério de cura. Qualquer pessoa que tenha estado significativamente envolvida nesse ministério dirá a você: "O ministério de cura é complicado." E essa é uma das principais razões pelas quais muitos cristãos o evitam.

É confuso porque, repetidamente, nos confronta com o mistério. Como explica Ken Blue:

> Apesar do fato de que Deus deseja curar os enfermos, nem todos os enfermos são curados. Essa ambiguidade nos obriga a perceber que estamos perante um mistério: interagimos com um Deus soberano e livre; confrontamos o pecado, seres demoníacos e uma série de problemas complexos, fatores psicológicos, físicos e espirituais.[3]

Quando oramos sinceramente por cura física sobrenatural, às vezes aqueles por quem oramos não são curados. Outras vezes,

---

[3] Ken Blue. *Authority to Heal*. Downers Grove: InterVarsity Press, 1987. p. 40.

eles são curados de uma coisa, mas não de outra. Penso em meu amigo pastor que foi milagrosamente curado quando os líderes de sua igreja o ungiram e oraram fervorosamente por hérnias de disco severamente rompidas em suas costas. Ainda assim, ele também é diabético há anos e tem o cuidado de tomar insulina todos os dias.

Às vezes, Jesus cura quando uma pessoa nem sequer pede para ser curada. Um líder cristão da Austrália me contou sobre um homem muçulmano na Indonésia que se juntou a uma grande reunião evangelística ao ar livre onde estava pregando. O homem era apenas um espectador curioso, mas, de repente, foi curado de uma artrite crônica debilitante no ombro direito e, pela primeira vez em anos, pôde levantar a mão acima da cabeça.

Às vezes, uma pessoa é curada e outra não. Um pastor da Índia estava de visita à África do Sul e, enquanto lá estava, orou pela cura completa de uma criança soropositiva. Ele me disse que isso não era algo que ele costumava fazer, mas, porque se sentiu fortemente inspirado pelo Espírito Santo, seguiu em frente e, milagrosamente, a criança foi curada. Contudo, alguns dias depois, a pedido de uma mãe desesperada, quando ele orou pelo seu filho soropositivo, a criança morreu dias depois.

Nunca esquecerei uma noite, há várias décadas, em que fui confrontado com o mistério da cura em uma reunião de oração do corpo docente do seminário. Regozijamos porque um colega docente de 60 anos de idade estava sentado entre nós, louvando a Deus por sua recente cura milagrosa. Várias semanas antes, ele estava à porta da morte por causa de diversas complicações após uma cirurgia no coração. Eu estava presente no culto de cura na unidade de cuidados intensivos, quando uma dúzia de nós nos reunimos em torno dele e oramos desesperada e ousadamente por sua cura. A partir daí, sua condição começou a melhorar de maneira acentuada.

Quatro semanas depois, ele recebeu alta do hospital e os médicos concordaram que era um milagre. Como disse seu cardiologista: "Aquela reunião, quando o grupo se reuniu ao seu redor e orou — sem dúvida, foi o ponto de virada." Então, uma semana depois de ter voltado para casa, ele estava sentado entre nós, uma testemunha viva do poder curador sobrenatural de Cristo. E todos nós nos regozijamos e louvamos ao Senhor com ele.

No entanto, naquela mesma reunião de oração, também ouvimos outro professor pedir oração pela família de um brilhante e promissor seminarista asiático de 25 anos que havia morrido alguns dias antes em um trágico acidente de carro. O professor, que o conhecia muito bem, compareceu ao funeral naquele dia e passou algum tempo com os pais desolados e de luto pelo jovem. Que tragédia sem sentido foi aquela. Ele era um cristão profundamente comprometido e sacrificou uma carreira próspera para ingressar no seminário. Tinha um ministério muito promissor pela frente. Por que isso aconteceu? Deus não poderia tê-lo protegido?

Enquanto eu estava ali sentado, depois de ouvir com atenção os dois professores — um regozijando-se, o outro lamentando — fiquei impressionado com a contradição gritante e absoluta. Em um caso, Deus agiu de maneira tão clara e poderosa; no outro, Deus parecia ausente e não envolvido. Não havia como explicar ou dar sentido a isso ou resolver a tensão entre aquelas duas realidades.

Naquela noite, ao levantarmos nossos louvores e nossas petições ao Senhor, embora eu não conseguisse resolver logicamente a contradição, estranhamente a contradição foi resolvida dentro de mim. De alguma forma, no meio da nossa oração e adoração, fiquei em paz com todos os meus questionamentos. "Não sei por que aconteceu assim. Realmente não faz sentido," pensei comigo mesmo. "Mas está tudo bem, Senhor. Não posso fingir compreender teus caminhos, porém confio em teu caráter, em tua sabedoria e bondade."

Ao longo dos anos, à medida que me envolvi no ministério de oração por cura com estudantes do seminário, particularmente em relação a questões emocionais e espirituais na vida deles, entrei repetidamente na presença do mistério. Por exemplo, existe o mistério do sofrimento e do mal. "Como Deus pôde permitir que uma coisa tão horrível acontecesse comigo?" Muitas vezes me perguntaram. E confesso humildemente que não tenho resposta satisfatória.

Depois, há o mistério da forma como a cura se desenrola na vida de uma pessoa. Às vezes, o poder de cura de Cristo se manifesta de formas dramáticas e milagrosas, resultando em grandes avanços. Outras vezes, porém, a cura ocorre por meio de um processo difícil, prolongado e deliberado, em que cada três passos para a frente são seguidos por dois passos para trás. Em algumas ocasiões, oro com ousadia e autoridade; no entanto, em outras, somente posso encorajar alguém a persistir na escuridão, quando Deus parece ausente.

Finalmente, há o mistério da força de Deus sendo aperfeiçoada na fraqueza. Aquilo que trouxe tanto mal à vida de alguém pode ser

Nossos mais elevados poderes de raciocínio e nossas categorias lógicas mais profundas nunca penetrarão ou compreenderão, explicarão ou conterão, resolverão ou removerão o mistério de Deus.

transformado em instrumento para o bem. O que antes era causa de quebrantamento se torna um meio de transmitir a plenitude de Cristo. O próprio lugar da humilhação e vergonha de alguém se torna o seu lugar de poder e autoridade espiritual. Com admiração e gratidão, apenas posso exclamar: "Senhor, que coisa incrível tu fizeste!"

Confortável com o mistério

Anote isto: ao se envolver no ministério de cura, espere entrar na presença do mistério. Você não será capaz de evitá-lo, então não tente. Aprenda a se sentir confortável com o mistério. Nem sempre será fácil. Aqueles a quem você aconselha e com quem ora podem achar desconfortável viver com o mistério. Quando se recusa a "fazer que isso desapareça", move-se contra a corrente de suas esperanças e expectativas. Então, vou oferecer três sugestões.

Primeiro, permita que aquelas ocasiões em que você é confrontado com o mistério da cura cultivem e aprofundem a humildade em você. Pense desta forma: quando não temos respostas adequadas, nos sentimos fracos, impotentes, inadequados e fora de controle. No entanto, embora seja desconfortável, pode nos aprofundar e enriquecer espiritualmente, porque desfere um golpe na raiz do nosso orgulho e autossuficiência. Esbarrar nos limites do nosso conhecimento e compreensão nos convida à humilhação e ao maravilhamento. Na presença do mistério, clamamos, como o antigo rei israelita Josafá: "[...] Não sabemos o que fazer, mas os nossos olhos se voltam para ti" (2Crônicas 20:12).

Em segundo lugar, reconheça a forma como a natureza paradoxal da verdade se reflete na cura cristã. Como indiquei, a crença de que um elemento de mistério permeia todas as coisas está enraizada na compreensão cristã da Trindade. Deus é um ser em três pessoas e nunca é um sem ser três ou três sem ser um. Para falar a verdade sobre Deus, devemos insistir firmemente que ambas as características são verdadeiras. Não podemos afirmar uma verdade e negligenciar outra.

A Trindade nos apresenta duas coisas — Três e Um — que parecem contraditórias e incompatíveis. Como ambas podem ser igualmente verdadeiras? Ainda assim, elas são. Portanto, para falar a verdade sobre Deus, para expressá-la corretamente, devemos usar a linguagem do paradoxo. Além disso, a Trindade é apenas o primeiro de muitos paradoxos da fé cristã (por exemplo, Cristo é totalmente humano e totalmente divino; nossa salvação é o resultado tanto da soberania divina quanto da liberdade humana).

Anteriormente, quando descrevemos a relação entre a cura e o reino de Deus, também encontramos paradoxos. Jesus falou sobre o segredo, ou mistério, do reino de Deus (cf. Marcos 4:11) porque a presença do Reino está aqui (presente) e próxima (futuro), tanto *já* como *ainda não*. E insistimos que ambas as dimensões fossem levadas em conta. No ministério de cura, como devemos nos apegar a ambos e viver no "meio radical", muitas vezes ficaremos na presença do mistério.

Sempre haverá aqueles que se sentem incomodados com o paradoxo e tentarão resolver a tensão, a aparente contradição do *já/ainda não*. Eles elevarão um lado do paradoxo em detrimento do outro, ao enfatizar excessivamente o *já* em detrimento do *ainda não* ou o *ainda não* em detrimento do *já*.

Parece lógico e simples, por isso agradará a muitos. No entanto, embora pareça mais claro, revela-se menos verdadeiro. A meia-verdade superenfatizada em detrimento do outro torna-se uma mentira completa. Pois é isso que o erro, na maioria das vezes, é: não a ausência total de verdade, mas a verdade separada de sua contraparte equilibradora. É atraente, porque ir a um extremo lógico pode ser mais confortável do que viver no paradoxo da tensão bíblica.

Isso leva à minha terceira sugestão: resista à tentação de simplificar demais a cura. Vivemos em uma época em que as pessoas querem fugir do mistério, ao reduzir a complexidade das coisas a uma fórmula, uma tecnologia, um programa, uma solução rápida ou uma frase de efeito. Infelizmente, o panorama do ministério de cura cristão está repleto de exemplos trágicos disso.

Jamais esquecerei a experiência chorosa de um homem de 40 anos em uma aula de escola dominical que liderei. Quando ele tinha 13 anos, seu querido avô, já bastante idoso, adoeceu gravemente. Durante dias, esse jovem orou fervorosamente para que Deus curasse seu avô. Ele o visitava com frequência no hospital. Mais tarde, porém, seu avô morreu e ele ficou com o coração partido pela dor. Infelizmente, o seu pastor fez que ele se sentisse ainda pior. "Se você tivesse mais fé," disse ele de modo enfático, "Deus teria curado seu avô."

"Na minha opinião, sei que não é verdade," disse ele à nossa turma, "mas, desde então, sinto que fui responsável pela morte do meu avô e às vezes ainda me sinto culpado por isso."

Que frutos mortais a compreensão simplista do seu pastor sobre o lugar da fé na cura produziu na vida desse homem. Como enfatizo mais adiante neste capítulo, a relação entre fé e cura é paradoxal — é simples e complexa ao mesmo tempo.

Minha preocupação aqui é apenas exortá-lo a resistir à tentação de simplificar demais a cura. O falecido Francis MacNutt, que durante décadas foi um líder muito sábio e talentoso no ministério de cura, disse:

> Saber que a cura é um mistério — que é complicado e não tão simples — deveria nos libertar de qualquer necessidade de dar respostas simplistas para pessoas que se perguntam pela razão de não serem totalmente curadas. Saber quão complexa é a cura ajuda-nos a confiar mais na luz de Deus, a procurar o verdadeiro discernimento e a abandonar soluções simplificadas.[4]

No restante deste capítulo, discutirei dois ensinamentos difundidos sobre cura que se enquadram na categoria de "soluções simplificadas". Ambos se aplicam especialmente à cura física sobrenatural. Aqueles que aderem a eles com frequência estão envolvidos apaixonadamente no ministério de cura e acreditam de maneira intensa no poder de Cristo para curar por milagre o nosso corpo. Muitos têm experimentado por si sós a cura física e orado por outros que também foram curados.

No entanto, em sua paixão pela cura e no zelo em encorajar outros a olhar para Jesus em busca de cura física, eles caíram em

---

[4] Francis MacNutt. *The Power to Heal*. Notre Dame: Ave Maria, 1977. p. 62.

erros no seu ensino, extremos lógicos que levaram a consequências trágicas na vida das pessoas. Em ambos os casos, eles simplificam demais a natureza paradoxal do *já/ainda não* do reino de Deus e enfatizam o *já* em detrimento do *ainda não*. O primeiro diz respeito à relação entre a expiação de Cristo e a cura; o segundo gira em torno do papel da fé na cura. Vamos considerar os dois, um de cada vez.

A expiação e a cura física[5]

> Certamente ele tomou sobre si as nossas enfermidades e sobre si levou as nossas doenças; contudo, nós o consideramos castigado por Deus, atingido por Deus e afligido.
> Ele, porém, foi traspassado por causa das nossas transgressões e esmagado por causa das nossas iniquidades; o castigo que nos trouxe a paz estava sobre ele, e pelas suas feridas fomos curados (Isaías 53:4-5).

Durante dois mil anos, os cristãos acreditaram que essas palavras do profeta Isaías sobre o Servo Sofredor que viria, explicavam melhor o que Jesus fez na cruz. Ele morreu por causa dos nossos pecados. O apóstolo Pedro, ao repetir Isaías, declarou: "Ele mesmo levou no corpo os *nossos pecados* sobre o madeiro [...]" (1Pedro 2:24).

---

[5] Para um estudo mais aprofundado deste assunto, consulte os seguintes artigos: John Wilkinson. *Physical Healing and the Atonement, Evangelical Quarterly* 63, no. 2 (1991): 149-67; e Graham Hill. The Atonement and Healing: Is Physical Healing Guaranteed in Jesus's Death on the Cross?, The GlobalChurch Project, 17 de abr. 2016. Disponível em: https://theglobalchurchproject.com/atonement-healing-wrestling-contemporary-issue/.

Da mesma forma, Paulo resumiu o consenso do ensino apostólico: "Cristo morreu *pelos nossos pecados*, segundo as Escrituras" (cf. 1Coríntios 15:3).

No entanto, em seu Evangelho, ao citar Isaías 53, Mateus sustentou que as palavras do profeta "Ele tomou sobre si as nossas enfermidades e sobre si levou as nossas doenças" foram especificamente cumpridas na cura dos enfermos por Jesus (cf. Mateus 8:17). De acordo com o teólogo Jürgen Moltmann, Mateus inferiu que o poder de cura de Cristo

> não se encontra no seu poder supremo sobre doenças e enfermidades. Seu poder de curar é *o poder de seu sofrimento*. Ele cura "carregando" nossas doenças. "Pelas suas feridas fomos curados" (Isaías 53:5). A sua paixão e a sua entrega no Gólgota são o segredo da sua cura dos enfermos.[6]

A interpretação de Mateus levou, portanto, alguns a concluir que, na cruz, Jesus carregou as nossas doenças e enfermidades corporais *da mesma maneira que carregou os nossos pecados*. Então, assim como o perdão dos pecados é garantido para nós quando nos arrependemos e cremos (cf. Atos 2:38), também acontece com a cura para as doenças físicas quando oramos com fé. A cura divina foi, então, assegurada para nós "na expiação", da mesma forma que o perdão divino dos pecados.

Além disso, se isso for verdade, é lógico que, se você não é curado quando ora por cura física, não é porque Jesus não deseja a sua cura — ele a providenciou por intermédio de sua morte

---

[6] Jürgen Moltmann. *The Spirit of Life*. Mineápolis: Fortress, 1992. p. 191.

na cruz, assim como providenciou perdão. O problema, então, se você não receber a cura, deve estar em você. Pode estar relacionado com ignorância, pecado não confessado, falta de pedido de perdão, falta de fé, falta de persistência na oração ou algum outro problema. Contudo, se você abordar e lidar adequadamente com essas coisas, será curado. É simples assim.

Ou será que não é isso? Considere tudo o que foi realizado para a nossa salvação por meio da vida, morte expiatória e ressurreição de Cristo. Perdão dos pecados, dom do Espírito Santo, ressurreição do corpo, vida eterna e nova criação, certamente junto com a cura física. Todos esses "benefícios da sua paixão", como os chamava uma antiga liturgia da Comunhão, estão, de fato, enraizados na sua expiação. Portanto, certamente é verdade dizer que "a cura está na expiação."

Se assim é, todos esses benefícios da expiação estão disponíveis para nós *agora* e da *mesma forma*? Com base no ensino de todo o Novo Testamento, a resposta clara é "não". Alguns benefícios nós experimentamos de modo completo no presente, outros, apenas parcialmente, e outros apenas na consumação futura do Reino.

É melhor falar de cura *por meio* da expiação do que de cura *na* expiação. Ao fazê-lo, reconhecemos que toda cura está enraizada na morte expiatória de Cristo, mas também evitamos a implicação de que temos cura física garantida nesta vida. Sam Storms disse bem:

> A questão não é *se* nosso corpo será curado por causa da expiação de Cristo, mas *quando* [...] É um erro grave pensar que todas as bênçãos que Cristo garantiu por meio do seu sofrimento

redentor serão nossas, agora, na sua forma consumada. Todas essas bênçãos serão de fato nossas. Mas não esperemos — muito menos exijamos — que agora experimentaremos a plenitude das bênçãos que Deus claramente reservou para o céu na era vindoura (Apocalipse 7:15-17; 21:3-4).[7]

Como Jesus enfatizou repetidamente, o reino de Deus é tanto *já* quanto *ainda não*. O mesmo ocorre com suas bênçãos e seus favores. Alguns, como o perdão dos pecados, *já* o são, enquanto outros, como a redenção do nosso corpo, *ainda não* o são. Acontece que a cura física fica em algum ponto intermediário — no meio radical. Às vezes *já* é, às vezes *ainda não* e às vezes é uma combinação dos dois. Não admira que o ministério de cura seja confuso! Portanto, temos de viver na tensão *já/ainda não* e abraçar o mistério.

O papel da fé na cura[8]

Com base nos relatos evangélicos do ministério de cura de Jesus, a fé desempenha um papel vital na cura. Jesus procurou aqueles que tinham fé (Marcos 9:23,28). Em vários casos, ele atribuiu diretamente a cura de alguém à sua fé (Marcos 5:34; 10:52). Jesus elogiou aqueles que demonstraram fé (Mateus 8:10; 9:22; 15:28) e repreendeu outros por sua falta de fé (Lucas 9:41).

---

[7] Sam Storms. Does Matthew 8 Teach Healing in the Atonement?, 21 de jun. 2021. Disponível em: https://www.thegospelcoalitio.org/article/physical-healing-atonement/, ênfase no original.

[8] Uma discussão esclarecedora sobre esse assunto pode ser encontrada em Ken Blue. *Authority to Heal*, 1987, p. 41-51 e 97-105.

Abraçando o mistério da cura

A incredulidade que ele encontrou em sua cidade natal de Nazaré até limitou o que Cristo era capaz de fazer (Marcos 6:5-6).

Aqueles que hoje estão profundamente envolvidos no ministério de cura também reconhecem a ligação crítica entre fé e cura. Randy Clark, que tem estado com clareza envolvido no ministério de cura nos últimos trinta anos e conduziu cruzadas de cura em todo o mundo, expressou-o assim:

> Digo isto vez após vez — quando mais fé está presente, mais acontece. Quanto mais fé estiver presente em uma pessoa, maior será a probabilidade de ele ou ela receber a cura. Quanto mais fé for expressa numa atmosfera, mais provável será que ondas de cura irrompam entre esse grupo específico de pessoas. A fé é importante.[9]

No entanto, será que isso significa que existe uma relação direta de causa e efeito entre fé e cura? De modo algum. Esse ensino equivocado da "fórmula de fé", como às vezes é chamado, é uma solução simplificada que tem levado à desilusão, ao sofrimento, à confusão e à culpa na vida de muitos. Portanto, é um grave erro dizer a alguém que busca cura: "Se você apenas tiver fé, pode ter certeza de que será curado."

Aprecio a forma como Randy Clark, que enfatiza da maneira correta a importância da fé expectante na cura, evita com sabedoria esse ensinamento. "O próprio Jesus trabalhou com pessoas de diferentes níveis de fé", observa ele. Quando reconhecemos isso,

---

[9] Randy Clark. *Power to Heal*. Shippensburg: Destiny Image, 2015. p. 227.

Jesus cura pessoas com diferentes níveis de fé.

"dissipamos imediatamente o mito de que 'você não será curado se não tiver fé suficiente'."[10]

Por exemplo, houve pessoas como a mulher com fluxo de sangue (Marcos 5:25-34) e o cego Bartimeu (Marcos 10:46-52), que tinham o que Clark descreveu como "grande fé" e "fé imprudente". No entanto, havia também aqueles como o homem com lepra (Marcos 1:40-45) e o pai do filho endemoniado (Marcos 9:17-29), que tinham apenas "alguma fé" e "uma fé muito fraca".[11] Jesus cura pessoas com diferentes níveis de fé. Nos casos daqueles com apenas uma expressão de fé fraca ou mínima, observa Clark, "é incrível quão poderoso é o simples ato de vir a Jesus."[12]

No seu estudo aprofundado dos milagres de cura de Jesus, o estudioso do Novo Testamento Keith Warrington chega a uma conclusão semelhante. Jesus acolheu e curou aqueles que duvidavam, mas queriam acreditar, como o pai do menino endemoniado que gritou: "Eu creio; ajuda-me a vencer a minha incredulidade!" (Marcos 9:24). Toda a aptidão e fé necessárias consistiam em sentir a necessidade e ir a Jesus. Warrington resumiu assim: "A fé que suscitou uma resposta de Jesus é a prontidão de simplesmente ir até ele em busca de ajuda."[13]

Às vezes, no ensino da fórmula de fé, o relato da rejeição de Jesus em sua cidade natal, Nazaré, onde seu poder de cura era limitado "por causa da incredulidade deles" (cf. Marcos 6:1-6) tem sido usado para provar que "se você tivesse mais fé, seria curado."

---

[10] Clark, 2015, p. 227.
[11] Clark, 2015, p. 227-44.
[12] Clark, 2015, p. 234.
[13] Keith Warrington. *Jesus the Healer*. Waynesboro: Paternoster, 2000. p. 27.

Nesse caso, porém, como Warrington sustentou corretamente, a incredulidade deles não era um caso de fé fraca ou de dúvida. Jesus poderia trabalhar com isso. Em Nazaré, pelo contrário, a sua incredulidade estava enraizada em uma recusa obstinada de acreditar em Jesus, em determinação deliberada de rejeitá-lo.

Qual é, então, a fé necessária para a cura? Muitas vezes as pessoas têm a impressão de que isso tem a ver com certo estado mental ou certeza psicológica. Em outras palavras: "Você deve acreditar — *sem sombra de dúvida* — que Jesus irá curá-lo. Portanto, livre sua mente de todas as dúvidas."

Infelizmente, definir a fé nesses termos — como um estado de espírito — coloca foco demais em nós e no que devemos fazer para sermos curados. É um fardo pesado demais para suportarmos. Em contraste, compreender a fé simplesmente como a prontidão para ir a Jesus em busca de ajuda coloca o foco onde ela deve estar — na pessoa de Jesus. É aí que o nosso foco precisa estar — *nele*, não em *nós*. Não em quanta fé *temos*, mas em quem *ele é*, no que fez e promete fazer.

E não consigo pensar em uma maneira melhor de terminar este capítulo. À medida que navegamos no profundo mistério da cura, a fé na pessoa de Jesus e a nossa confiança na sua bondade e sabedoria — não em uma fórmula simplificada em excesso ou na nossa própria certeza — nos mantêm firmes e nos farão avançar. Como disse Ken Blue: "A fé para curar os doentes não é uma bravata — é a liberdade de acreditar e agir com base em quem é Jesus Cristo. A nossa fé na luta para curar é expressa na nossa atuação, apesar das dúvidas que tivermos, sobre quem vemos que Jesus é."[14]

---

[14] Blue, 1987, p. 104.

CAPÍTULO SETE

Pelas suas feridas somos curados

❝ Como Deus pode ter permitido que algo tão terrível e destrutivo acontecesse comigo?" ela exclamou. "Eu era apenas uma garotinha inocente. Meu pai e os outros homens que me estupraram estavam envolvidos em um mal tão horrendo. Onde estava Deus quando isso aconteceu? Como ele pôde ficar parado e não fazer nada?"

Era uma mulher na casa dos 40 anos cujas memórias há muito reprimidas de incesto e abuso estavam aos poucos vindo à tona. Um conselheiro qualificado a ajudou cuidadosamente a navegar pelo processo. Um psiquiatra prescreveu antidepressivos para ajudá-la a controlar os sentimentos caóticos que às vezes a sobrecarregavam. Nós nos reuníamos em meu escritório em intervalos regulares para momentos de oração de cura. E, um dia, cerca de uma semana depois, uma camada muito sombria e dolorosa de memórias veio à luz; ela derramou sua raiva para com Deus pelo sofrimento maligno e injusto que havia sido infligido a ela.

Ao se envolver no ministério de cura, você nunca poderá ficar cara a cara ou enfrentar o problema do sofrimento e do mal de maneira tão direta quanto naquele dia. No entanto, mais cedo ou mais tarde, ao caminhar com as pessoas, especialmente em lugares sombrios de dor e trauma emocional, com certeza será confrontado com isso. É importante, então, que você reflita sobre esse problema e trabalhe para desenvolver uma teologia do sofrimento. O que se segue neste capítulo tem como objetivo ajudá-lo a fazer isso.

Para alguns, esse problema da teodiceia, como é chamado, é principalmente *filosófico* e *intelectual*. Dito de maneira simples: como pode Deus, que é bom e todo-poderoso, permitir tanto sofrimento — em especial sofrimento injusto — no mundo? Um deus que deixa os inocentes sofrerem e permite a morte sem sentido é digno de ser chamado de Deus?

Em *Os irmãos Karamazov*, o grande romance do século 19, escrito por Fyodor Dostoiévski, o filho de um pobre servo russo está brincando e, um dia, acidentalmente, atinge com uma pedra um dos cães de caça premiados de seu mestre. Quando o mestre descobre isso, fica furioso. Ele prende o menino e solta seus cães ferozes e força a mãe do menino a assistir enquanto eles destroçam seu filho.

Quando Ivan, um dos personagens principais da história, ouve o que fez o mestre, balança a cabeça, incrédulo. Depois de uma longa reflexão sobre como um Deus bom e justo poderia permitir que tal coisa acontecesse, ele conclui: "Não é Deus que não posso aceitar. [...] Aceito Deus, compreendo isso, mas não posso aceitar o mundo que ele criou."[1] Tal como Ivan e muitos que hoje rejeitam a fé cristã, a magnitude do sofrimento injusto no mundo tornou-se a pedra angular do seu muro de incredulidade. Todavia, não são apenas os incrédulos que lutam com esse problema. Muitos cristãos também o fazem, embora possam hesitar mais em expressar as suas dúvidas.

Para a maioria das pessoas — e é aqui que nós, envolvidos no ministério de cura, frequentemente o confrontamos —, o problema do sofrimento é *pessoal* e *experiencial*. Não é o sofrimento injusto no mundo que os perturba tanto quanto o sofrimento injusto que experimentaram na própria vida. No fundo, uma voz confusa, furiosa e raivosa clama: "Deus, isto não é justo! Por que deixaste isto acontecer? O que eu fiz para merecer isto? Por que me abandonaste? Por que não estavas lá quando precisei de ti?"

Ao longo dos séculos, os cristãos têm oferecido uma série de respostas diferentes ao problema do sofrimento e do mal.[2] Mas a melhor resposta centra-se na cruz de Cristo. Como observou o próprio Thomas Oden: "Para o ensino cristão clássico, a teodiceia mais sábia flui de uma profunda reflexão sobre a cruz. Lá, o profundo problema do sofrimento humano é transmutado pelo mistério

---

[1] Citado por Jurgen Moltmann. *The Crucified God*. Nova York: Harper & Row, 1974. p. 220.

[2] Thomas Oden descreveu doze dessas respostas cristãs. Ele os chamou de "consolações pastorais". Veja o capítulo A Theodicy for Pastoral Practice em seu livro *Pastoral Theology*: Essentials for Ministry. São Francisco: Harper and Row, 1983. p. 223-48.

ainda mais profundo do sofrimento de Deus pela humanidade."[3] Como, então, a cruz aborda o problema do sofrimento humano? E como isso molda a nossa compreensão e prática da oração de cura?

Deus se identifica plenamente com o sofrimento humano

A cruz nos diz, em termos inequívocos, que Deus, em Cristo, é um conosco em nosso sofrimento. Nas palavras inesquecíveis do profeta Isaías, Jesus se tornou "um homem de dores e experimentado no sofrimento" (cf. Isaías 53:3). Ele conheceu a dor e o sofrimento em primeira mão.

Quando sofremos, Deus não fica distante, indiferente e incapaz ou sem vontade de se envolver. Jesus Cristo é Emanuel, Deus conosco. Ao tornar-se carne (João 1:14), a eterna Palavra de Deus identificou-se plenamente com a condição humana. E, como o sofrimento é parte da existência humana, ele experimentou sofrimento ao longo de sua vida. Contudo, durante as últimas doze horas de sua vida, do Getsêmani ao Gólgota, seu sofrimento atingiu o clímax. Lá ele mesmo experimentou o sofrimento humano em todas as suas dimensões.

O falecido teólogo pastoral e psiquiatra Frank Lake disse: "É um fato surpreendente que os acontecimentos da crucificação de Jesus Cristo retratam toda a variedade de sofrimentos e maldade humana."[4] Ele salientou que na cruz Jesus sofreu injustiça,

---

[3] Thomas Oden. *Classic Christianity*. Nova York: Harper-One, 2009. p. 436.
[4] Frank Lake. *Clinical Theology*: A Theological and Psychiatric Basis to Clinical Pastoral Care. Londres: Darton, Longman & Todd, 1966. p. 18.

sentiu a vergonha da nudez, foi privado dos seus direitos, suportou insultos, tornou-se o foco da raiva dos outros e foi rejeitado e abandonado. Além disso, ele experimentou uma dor física excruciante, bem como sede, fome, vazio, tormento, confusão e, finalmente, a própria morte.[5]

Tendo experimentado pessoalmente a amplitude e a profundidade do sofrimento humano, Jesus pode verdadeiramente identificar-se conosco quando sofremos. Ele é, nas palavras do filósofo A. N. Whitehead, "o companheiro de sofrimento que entende." Porque Cristo "aprendeu a obediência por meio daquilo que sofreu" (cf. Hebreus 5:8) e "passou por todo tipo de tentação" (cf. Hebreus 4:15), ele pode se identificar por empatia conosco em nossa angústia. Familiarizado com a dor, o Homem das dores pode sofrer e chorar conosco. Outra vez, nas palavras de Isaías: "Certamente ele tomou sobre si as nossas enfermidades e sobre si levou as nossas doenças [...]" (Isaías 53:4).

Uma estudante universitária que Frank Lake vinha aconselhando escreveu para ele sobre como ela finalmente percebeu isso. Certa noite, bem tarde, estava sentada sozinha em uma capela, criticando Deus por permitir tanta dor e sofrimento injusto em sua vida e na vida de outras pessoas:

> Fiquei furiosa com sua apatia. Ele não *sabia* o que seu descuido havia feito conosco? Pela primeira vez na minha vida ousei exigir uma explicação. Quando nada aconteceu, fiquei com

---

[5] Para uma descrição informativa das várias maneiras pelas quais Jesus sofreu na cruz, consulte Thomas W. McGovern. *What Christ Suffered*: A Doctor's Journey through the Passion. Huntington: Our Sunday Visitor, 2021.

mais raiva do que jamais me lembrei de ter ficado. Voltei meus olhos para a cruz simples de madeira e me lembrei do Calvário. Fiquei no meio da multidão que o crucificou, eu o odiei e desprezei. Com minhas próprias mãos, enfiei os pregos em suas mãos e pés e, com energia explosiva, açoitei-o, insultei-o e cuspi com repugnância nauseante. Agora ele deveria saber como era — viver na criação que ele havia feito. Cada respiração trazia de mim as palavras: "Agora tu sabes! Agora tu sabes!"

E, então, vi algo que fez meu coração parar. Eu vi seu rosto e nele se retorcia toda agonia de minha própria alma. "Agora tu sabes" tornou-se um sussurro admirado enquanto eu, imóvel, observava sua agonia. "Sim, agora eu sei", foi a resposta emocionada e cheia de dor. "Por que outro motivo eu deveria vir?" Atordoado, observei seus olhos procurarem desesperadamente pela menor centelha de amor nos meus, e, enquanto nos encarávamos no deserto e no frio, abandonados por Deus, assustados e abandonados, nós nos amávamos e nossa dor silenciava na calma.

Nada pode nos unir mais do que o abandono comum, pois em nenhum outro lugar a companhia é tão desejada.[6]

A partir daquele momento, a jovem ficou inseparavelmente ligada a Cristo. Saber que Jesus se tornou um homem de dores e passou por um abandono como o dela não resolveu todas as suas dúvidas, mas foi o suficiente para mantê-la confiante em Deus, mesmo em meio ao inexplicável.

---

[6] Lake, 1966, p. 820-21.

Joni Eareckson Tada chegou a uma conclusão semelhante ao refletir sobre sua própria tragédia e a tragédia de dezenas de outras pessoas. Em 1967, aos 17 anos de idade, um trágico acidente de mergulho a deixou tetraplégica. No entanto, ao longo do último meio século, ela teve um ministério incrível e de longo alcance por meio de seus livros, palestras em público, aparições na televisão e o trabalho em prol dos deficientes.

Joni recebe milhares de cartas e, como seria de esperar, a maioria delas em torno do problema do sofrimento. Embora ela não pretendesse ter todas as respostas, Joni acreditava que saber que Jesus sofreu na cruz é a maior chave para suportar o sofrimento e encontrar a cura. Como ela disse,

> Quando você está sofrendo, quando seu coração está sendo espremido como uma esponja, quando você acabou de ficar tetraplégica, quando seu marido acabou de abandoná-la, quando seu filho cometeu suicídio, tentar encontrar respostas é inútil [...] a única resposta satisfatória é pensar na aflição maior — Cristo na cruz. E um dia ele nos dará a chave que abrirá o sentido de tudo isso. Mas, até lá, o Homem das dores é suficiente.[7]

Sim, o Homem das dores é suficiente — essa é a primeira parte crucial da resposta cristã ao sofrimento e ao mal. Não faz desaparecer o nosso sofrimento pessoal nem resolve problemas antigos e enigmas do sofrimento, mas pode nos permitir continuar

---

[7] Gary Collins (ed.). *Christian Counseling Connection*; Glen Ellyn: Christian Counseling Resources, 1999.

a confiar em Deus mesmo na presença do inexplicável. Não importa o que aconteça, nada pode nos separar do seu amor. As palavras do falecido John Stott vão ao cerne da questão:

> Eu nunca poderia acreditar em Deus se não fosse pela cruz [...] No mundo real da dor, como alguém poderia adorar um Deus imune a ela? [Na cruz] ele deixou de lado sua imunidade à dor. Ele entrou em nosso mundo de carne e sangue, lágrimas e morte. Ele sofreu por nós. Nossos sofrimentos tornam-se mais administráveis à luz dos dele.[8]

Considerando nossas dores à luz das dele

No entanto, muitos cristãos desconhecem esse aspecto da obra de Cristo na cruz. Sabem e entendem que Cristo morreu pelos seus pecados, mas nunca lhes foi dito que na cruz ele também suportou "as nossas enfermidades e sobre si levou as nossas doenças" (cf. Isaías 53:4). No ministério da oração de cura, em especial nas áreas de traumas emocionais e quebrantamento, Jesus quer nos usar para transmitir essa verdade a eles. Vamos considerar algumas maneiras específicas de fazer isso.

Primeiro, podemos incentivá-los a considerar o seu sofrimento e aflição, como disse Joni, à luz "da maior aflição — Cristo na cruz." Ajudá-los a refletir sobre as semelhanças entre o seu sofrimento e como Jesus sofreu na cruz pode ser profundamente reconfortante e curador.

---

[8] John R. W. Stott. *The Cross of Christ* [A cruz de Cristo. São Paulo: Editora Vida, 2006.]. Downers Grove: InterVarsity Press, 1986. p. 335-36.

Meu pai, David Seamands, cujo ministério de cura e livro clássico *Healing for Damaged Emotions* [Cura para emoções danificadas] tocou tantas pessoas,[9] conta sobre uma situação em que ele se sentiu levado a fazer isso.[10] Duas irmãs participavam de um seminário de fim de semana sobre cura emocional e espiritual que ele liderava. Ambas foram molestadas sexualmente por um tio e estavam extremamente magoadas com ele.

Em uma sessão da tarde, elas ficaram zangados com o meu pai, quando ele enfatizou o papel indispensável que o perdão desempenha na cura. Ele estava sugerindo que elas deveriam perdoar o tio? Como ele poderia ousar pedir-lhes que fizessem isso? Como poderia Deus pedir isso? Dado o que o tio fez com elas, não tinham todo o direito de ficar ressentidas e zangadas?

Para ambas, perdoá-lo estava fora de questão. Assim como confiar em Deus. "Você está me pedindo para confiar em Deus?" A irmã mais velha questionou. "Eu tentei isso quando tinha 6 anos. Clamei a Deus para me proteger do meu tio, mas ele não o fez. A única coisa que pude fazer foi cobrir a cabeça com o travesseiro."

Querendo responder com sensibilidade, o meu pai agradeceu às irmãs pela reação honesta. Então, ele se sentiu inspirado pelo Espírito a descrever vários aspectos do abuso vergonhoso de Cristo que eram paralelos aos delas. Durante o julgamento de Jesus, os homens vendaram-lhe os olhos (a versão King James

---

[9] O livro de David Seamands *Healing for Damaged Emotions*. Wheaton: David C. Cook, 2015, foi traduzido para mais de 35 idiomas e vendeu mais de 1 milhão de cópias.

[10] Stephen Seamands. *Wounds That Heal*: Bringing Our Hurts to the Cross. Downers Grove: InterVarsity Press, 2003. p. 50-51.

Ajudar as pessoas a "reestruturarem" a imagem dolorosa do seu sofrimento com a madeira da cruz do Calvário pode ser um passo significativo na sua jornada de cura.

diz que "cobriram o seu rosto") e esmurraram-no duramente (Marcos 14:65). Durante a sua crucificação, ele experimentou a vergonha e a humilhação da nudez. Foi por isso que, nas primeiras pinturas da crucificação, ao contrário das mais recentes e conhecidas, Jesus sempre apareceu nu.

Ao ouvir isso, a irmã mais velha ficou profundamente comovida. Ela nunca percebeu que Jesus suportou essas coisas. Ela percebeu que Jesus poderia se identificar com ela e outras vítimas de abuso sexual. Assim como o rosto dela foi coberto por um travesseiro, o rosto dele estava coberto. Ele também deve ter se sentido impotente e desprotegido por Deus. Ela havia sido despojada de suas roupas; então ele também o foi. Ele sofreu indignidades vergonhosas infligidas ao seu corpo nu.

Ela percebeu que Jesus podia entender a sua mágoa e a raiva que sentia. Ele sabia por que era tão difícil para ela perdoar o tio. Jesus não a condenou por sua luta. Ele chorou por ela e com ela. Ele sabia, mais do que qualquer pessoa, a humilhação que ela havia experimentado. Na cruz, ele suportou a vergonha que ela sentiu quando seu tio a molestou.

No final da sessão da manhã seguinte, aquela irmã veio e se ajoelhou para receber oração por cura. Ela disse ao meu pai que agora estava disposta a abandonar a amargura em relação ao tio. Ela também queria começar a confiar em Deus novamente. Saber que Jesus sabia, compreender que ele podia entender o seu sofrimento, rompeu a resistência dela e amoleceu o seu coração. Enquanto orava no altar, lágrimas reprimidas jorravam, lavando camadas de vergonha. As feridas de Cristo começaram a curar as dela.

Em inúmeras ocasiões, ao me dedicar ao ministério da oração por cura, eu também fui guiado pelo Espírito a fazer algo semelhante. À medida que pessoas feridas e quebradas compartilhavam comigo suas histórias dolorosas, houve momentos em que lhes ofereci este convite: "Venha comigo e fique sob a cruz de Jesus. Contemple o Filho de Deus machucado e sangrando, pendurado ali. Reflita sobre *suas* mágoas e feridas à luz das *dele*."

Pendurada em meu escritório há uma grande imagem de Cristo na cruz como um lembrete visual de seus sofrimentos. Eu também mantenho ali um grande crucifixo de madeira — um que inclui a figura do Cristo sofredor. Como o toque é muitas vezes um elemento importante na cura, às vezes coloco o crucifixo nas mãos da pessoa e encorajo-a a segurá-lo enquanto partilha comigo a sua profunda dor e angústia.

Ajudar as pessoas a "reestruturarem" a imagem dolorosa do seu sofrimento com a madeira da cruz do Calvário pode ser um passo significativo na sua jornada de cura. Coisas maravilhosas parecem acontecer quando consideramos nossas feridas à luz das dele. Na maioria dos casos, porém, simplesmente não é apropriado falar diretamente do sofrimento de Jesus na cruz no que se refere ao sofrimento do outro. Muitas vezes não teremos tempo para fazer isso. Portanto, devemos comunicar que Jesus é um companheiro de sofrimento que entende *sem* falar sobre isso. Precisamos, de alguma forma, incorporar essa verdade sem usar palavras.

Podemos fazer isso ouvindo com atenção e sensibilidade a sua história. Isaías disse: "Certamente ele tomou sobre si as nossas enfermidades e sobre si levou as nossas doenças [...]" (Isaías 53:4). Conforme entramos por empatia no seu sofrimento e dor, permitindo-lhes expressar a sua raiva e decepção, há um sentido de que, assim como Jesus, suportamos as suas tristezas e as carregamos também. E, misteriosamente, quando o fazemos, as pessoas parecem sentir que Jesus se identifica e chora com elas no seu sofrimento.

No entanto, para sermos pessoas que, com veracidade, conseguem sentir empatia pelo sofrimento dos outros, primeiro precisamos nos envolver em nosso próprio sofrimento e dor. Quando ainda estamos em negação, sem vontade de enfrentar as nossas próprias tristezas e sofrimentos, é difícil nos envolver no sofrimento dos outros. Ouvir a história do sofrimento de Jesus será perturbador e desconfortável para nós.

Sei disso por experiência própria. Eu tinha cerca de 40 anos quando realmente me conectei com a profunda e dolorosa solidão em minha alma, por causa da longa separação de meus pais, associada à frequência de um internato missionário entre os meus 7 e 12 anos de idade. Eu era professor do seminário havia sete anos quando enfrentei aquela solidão. E foi só depois disso, depois que Jesus caminhou comigo em meio à minha dor e começou a curá-la, que os alunos começaram a bater na porta do meu escritório com a intenção de falar comigo sobre sua profunda dor e mágoa.

Era como se ver minha própria angústia me desse olhos que pudessem ver as deles. Quando comecei a sentir as emoções enterradas em meu coração, pude começar a sentir as deles. Somente depois de ter chorado o meu próprio sofrimento pude chorar com aqueles que choram. Para ser alguém por meio de quem Jesus pode transmitir aos outros que ele é um companheiro de sofrimento que nos entende, devemos aceitar o sofrimento em nossa própria vida.

O caminho de redenção de Deus

A cruz nos diz que Deus se identificou totalmente conosco em nosso sofrimento. Ele mesmo, na pessoa de seu Filho, sofre conosco. Cristo se tornou um homem de dores que conhece a dor e o sofrimento em primeira mão. Suportou nossas dores e carregou nossas tristezas.

Contudo, a cruz não somente nos diz que Deus é um conosco em nosso sofrimento, como também nos diz que Deus usa o sofrimento para redimir a criação, para transformar a criação caída em uma nova criação. No terceiro dia, Jesus crucificado ressuscitou dos mortos e deu início a essa nova criação. O Homem de dores é agora o Senhor ressuscitado. De agora em diante, Deus está renovando todas as coisas (cf. Apocalipse 21:5).

No plano cristão, a solução de Deus para o problema do sofrimento e do mal não é eliminá-lo nem se isolar, mas participar dele e, tendo participado, transformá-lo em seu instrumento para redimir o mundo. Simone Weil (1909-1943), a filósofa francesa que se converteu ao cristianismo, escreveu de maneira profunda sobre o significado do sofrimento e da aflição. Ela se expressou assim: "A extrema grandeza do cristianismo reside no fato de não procurar um remédio sobrenatural para o sofrimento, mas um *uso* sobrenatural para ele."[11]

---

[11] Simone Weil. *Gravity and Grace*. Londres: Routledge & Kegan Paul, 1952. p. 73.

Os cristãos acreditam que Deus usa o sofrimento e o mal da cruz. Deus tece isso em seu plano e padrão redentores para a salvação do mundo. Deus toma essa tragédia e a transforma no triunfo do túmulo vazio. O grotesco torna-se glorioso, o mal é transmutado em bem. O teólogo Emil Brunner estava certo: "Se alguma vez houve um evento em que o mal, o sofrimento inocente, a malícia e a dor humana atingiram o seu clímax, foi na cruz de Cristo."[12] No entanto, Deus assumiu o horror desse evento — o mal diabólico, a injustiça flagrante, a dor excruciante — e, por meio de uma maravilhosa alquimia divina e do milagre da ressurreição, transformou-os em remédio para a cura das nações.

A cruz, então, ilustra grandiosamente o tão citado texto de Romanos 8:28: "Sabemos que todas as coisas contribuem juntamente para o bem de todos aqueles que amam a Deus, dos que foram chamados de acordo com o seu propósito." Isso demonstra que, mesmo quando as coisas parecem ter dado tragicamente errado, Deus ainda pode usar a angústia de maneira criativa e surpreendente para extrair dela bênçãos que não poderiam ter sido realizadas de outra forma. Na verdade, esse é o método de redenção de Deus.

Como Deus supera aquilo que se opõe à sua vontade? Como Deus demonstra a soberania e o poder divinos diante do mal? A Sexta-feira Santa e o Domingo de Páscoa nos dizem. Deus realiza isso por um poder que absorve a oposição à sua vontade

---

[12] Emil Brunner. *The Christian Doctrine of Creation and Redemption*. Filadélfia: Westminster, 1952. p. 181.

por meio do sofrimento inocente e, tendo absorvido a oposição, neutraliza-a pelo amor perdoador. Finalmente, tendo neutralizado o mal, Deus o usa para cumprir exatamente o propósito primeiro para frustrar.

Deus vence o mal, não pela resignação passiva ou pela força bruta, não pela coerção ou por uma deslumbrante demonstração de força, mas por meio do poder do amor sofredor e da ressurreição. Deus usa o sofrimento de modo redentor para cumprir sua vontade e seu propósito no mundo. Por isso, no plano cristão das coisas, mesmo *depois* de Cristo ter sido ressuscitado dentre os mortos e recebido um novo e glorioso corpo ressurreto, as cicatrizes em suas mãos, pés e lado, como emblemas de sua morte horrível, permanecem. O poder da ressurreição de Deus superou todas as outras evidências da violência cometidas contra ele. O sofrimento e a morte foram abandonados; ele estava vivo como nunca! No entanto, essas marcas de humilhação não foram apagadas.

Na verdade, as cicatrizes de Jesus tornaram-se suas marcas de identificação. Naquela primeira Páscoa, quando os seus discípulos estavam escondidos atrás de portas fechadas, ele apareceu entre eles e "mostrou-lhes as mãos e o lado." Então eles tiveram certeza de que era Jesus e "alegraram-se quando viram o Senhor" (cf. João 20:20).

As cicatrizes ainda estavam lá — e, de acordo com o apóstolo João, elas *sempre* estarão. Perto do fim da sua vida, quando lhe foi dada uma visão do trono no céu, João viu um Cordeiro em pé no centro — um Cordeiro "como se tivesse sido morto" (cf. Apocalipse 5:6). São *cicatrizes eternas*.

Todavia, agora há uma diferença crucial: são cicatrizes *radiantes*. Um verso do hino "A Cristo coroai" transmite isso de modo esplêndido: "A Cristo coroai, seu lado e mãos olhai, das sua chagas o esplendor e a glória contemplai."[13] As cicatrizes são agora portadoras da glória divina. A luz da presença de Deus irradia deles, transforma tudo o que encontra. Suas cicatrizes são agora instrumentos de cura, e, como Isaías profetizou: "Pelas suas feridas fomos curados" (cf. Isaías 53:5).

Cicatrizes radiantes e curadores feridos

Tal é a maravilhosa mensagem da cruz para o sofredor. Diante dos erros cometidos contra nós e do sofrimento que suportamos, a cruz nos diz não apenas que Deus em Cristo se identifica e sofre conosco, como também que Deus pode tomar o que era destinado ao mal e usá-lo para o bem (cf. Gênesis 50:20). Nossas cicatrizes também podem se tornar radiantes. Jesus não somente quer curar as nossas feridas, mas, assim como as suas próprias, quer que as nossas se tornem feridas que curem as de outros, marcas que representem que a nova criação começou.

Em um acampamento de verão no Canadá no qual eu estava ministrando, durante um tempo de compartilhar publicamente, uma mulher explicou como Deus estava lhe ensinando isso. "Há apenas algumas semanas," ela começou, "meu marido e eu fizemos compostagem. Colocamos todo tipo de lixo nela —

---

[13] Matthew Bridges e Godfrey Thring. Crown Him with Many Crowns, Hymnary.org. Disponível em: https://hymnary.org/text/crown_him_with_many_crowns. Domínio público (1871). Em português, versão do Hinário luterano: A Cristo corai.

Deus vence o mal, não pela resignação passiva ou pela força bruta, não pela coerção ou por uma deslumbrante demonstração de força, mas por meio do poder do amor sofredor e da ressurreição.

cascas quebradas de ovos, cascas de banana escurecidas, borra de café, pilhas de folhas e grama podres — você escolhe. Misturamos tudo e depois cobrimos".

"E, se você chegar perto daquela pilha agora, acredite, seu nariz saberá que ela está ali escondida! Mas, na primavera seguinte, quando formos usar a compostagem em nosso jardim e ao redor de nossos arbustos, o que agora é lixo em decomposição será ouro puro. Esse composto será muito melhor do que qualquer fertilizante que possamos comprar."

Então, ela fez esta declaração para si mesma: "Houve muito lixo em minha vida — coisas ruins foram feitas comigo e coisas ruins que eu fiz em resposta. Durante anos recusei-me a lidar com o lixo, mas, há vários anos, quando a minha vida começou a desmoronar, fui forçada a fazê-lo. Graças a Deus por isso. Como resultado, ele realizou cura e restauração em minha vida."

"Mas, enquanto tudo isso acontecia, muitas vezes pensei: *Mal posso esperar até que isto finalmente acabe. Eu ficarei tão feliz quando puder deixar todo o lixo para trás e nunca mais tiver de pensar nisto. Talvez eu até consiga fingir que nunca aconteceu.*

"Então, enquanto fazíamos a compostagem, o Senhor me disse: 'Toda a sua vida você correu do lixo. Agora, mesmo que finalmente esteja lidando com isso e recebendo a cura, você ainda quer fugir dele. Mas será que você não vê? Eu não quero apenas curar e libertar você dos efeitos do lixo em sua vida; quero usar o seu lixo. Como o lixo na sua compostagem, se você permitir, vou transformá-lo em ouro puro. Vou usá-lo para construir o caráter em você e trazer cura e liberdade para outras pessoas.'"

"Então, em vez de ter vergonha do lixo, estou aprendendo a dar valor para ele. E estou descobrindo que o Senhor é o Grande Reciclador! Ele não desperdiça nada. Ele pode transformar nosso lixo em ouro — ouro puro, se apenas o oferecermos a ele."

Muitas vezes, no ministério de oração por cura, quando caminhamos com as pessoas para lugares de profunda dor e sofrimento emocional, elas com certeza não estão em um lugar onde se consideram prontas a viver isso. No início do processo de cura, a última coisa que eles precisam nos ouvir dizer é: "Deus quer usar esse sofrimento que você experimentou para o bem." Citar com fluência versículos das Escrituras como Romanos 8:28 ("Em todas as coisas Deus coopera para o bem" [parafraseado]) ou Gênesis 50:20 ("Você pretendia isso para o mal, mas Deus quis isso para o bem" [parafraseado]) pode fazer muito mais mal do que bem. Então, por favor, não faça isso!

No início do processo de cura emocional, a tarefa mais crucial é confrontar a verdade sobre o que aconteceu, abraçar a dor e aceitar a destruição causada pelos erros cometidos contra nós. Ajudar as pessoas a avaliarem com cuidado e honestidade os danos e a lamentar o que aconteceu é uma parte crucial e essencial da cura. Como nos lembra o escritor de Eclesiastes, há "um tempo de prantear" (cf. 3:4), e esse período necessário não pode ser apressado ou manipulado.

No entanto, chega um ponto no final do processo de cura emocional em que somos chamados a enfrentar as nossas feridas de uma forma diferente, desta vez vendo-as não como inimigas, mas como amigas. Estranhamente, como Paulo em relação ao seu espinho na carne (cf. 2Coríntios 12:7-10), podemos *gloriar-nos* nelas por causa do que produzem em nós (fraqueza) e libertam por meio de nós (o poder de Deus). Entretanto, precisamos deixar que as pessoas cheguem a essa conclusão por si mesmas — no seu próprio tempo e à sua maneira. Certamente não é nossa função forçá-las a isso.

Enquanto isso, porém, há algo importante que podemos fazer. Como curadores de feridos, podemos oferecer-nos aos outros como testemunhas vivas do que o poder curador de Cristo pode fazer. Quando Jesus ressuscitado apareceu ao duvidoso Tomé, ele o convidou: "Coloque o seu dedo aqui; veja as minhas mãos. Estenda a sua mão e coloque-a no meu lado" (cf. João 20:27). Da mesma forma, quando oferecemos a nós mesmos e as nossas feridas aos outros de modo vulnerável e gentil, fazemos um convite semelhante.

Ao convidar os feridos a tocar as nossas feridas, que se tornaram feridas que curam, demonstramos e encarnamos a mensagem maravilhosa da cruz. Proclamamos que, tal como as cicatrizes de Cristo, as suas cicatrizes podem tornar-se radiantes também. Exatamente as coisas que Satanás e as forças do mal queriam usar para destruí-los — os seus locais de mais profunda humilhação, degradação e vergonha —, Jesus deseja transformar e preencher com a sua presença gloriosa. Eles podem se tornar lugares de autoridade e poder espiritual.

Esta é, então, a mensagem maravilhosa da cruz para o sofredor: as cicatrizes de Jesus tornaram-se radiantes; ele também pode deixar nossas cicatrizes como as dele. A respeito das cicatrizes de Jesus, Charles Wesley escreveu com beleza em "Eis! Ele vem descendo sobre as nuvens", seu grande hino sobre a segunda vinda de Cristo:

Os queridos sinais de sua paixão
Ainda carregam-nos seu corpo deslumbrante;
Causa de exultação sem fim
Aos seus adoradores resgatados;
Com que êxtase, com que êxtase, com que êxtase
Contemplamos aquelas cicatrizes gloriosas![14]

E, a respeito das nossas cicatrizes, uma declaração muitas vezes atribuída a Agostinho diz: "Na minha ferida mais profunda vi a tua glória, e isso me deslumbrou."[15]

---

[14] Charles Wesley. Lo! He Comes with Clouds Descending. Hymnary.org. Disponível em: https://hymnary.org/hymn/CWH2021/487. Domínio público (1758).
[15] Augustine of Hippo. Quotes, Goodreads. Disponível em: www.goodreads.com/quotes/164594-in-my-deepest-wound-i-saw-your-glory-and-it.

CAPÍTULO OITO

O Espírito Santo e a cura

Ao longo deste livro enfatizei que o ministério de cura de Jesus Cristo não terminou quando ele ascendeu ao céu, continua na terra hoje por intermédio do seu corpo, a igreja. Nosso ministério de cura é uma participação no ministério de cura contínuo de Jesus Cristo. Somos chamados não para liderar, mas para seguir o Curador.

No entanto, até este ponto não respondi a uma crucial e muito importante pergunta: Como? O Credo Apostólico diz, a respeito de Jesus, que "ele subiu ao céu e está sentado à direita de Deus." Como, então, nós, que estamos aqui na terra, nos unimos a Jesus, que ascendeu e está no céu? Essa questão importantíssima é o foco deste capítulo final.

Podemos responder a essa pergunta com três palavras: pelo Espírito Santo. É simples — e, ao mesmo tempo, tão complexo — assim! Estamos unidos ao Jesus ressuscitado que ascendeu aos céus e participamos do seu ministério de cura contínuo por meio da pessoa e da obra do Espírito Santo. O Espírito Santo, a terceira pessoa da Trindade, é quem nos une a Cristo, o Filho, e torna possível o ministério de cura — na verdade, torna possível todo o ministério cristão. É por isso que, no final do seu ministério terreno, ciente de que em breve partiria, Jesus intencionalmente começou a ensinar os seus discípulos sobre a obra do Espírito Santo. Ele sabia que papel vital e essencial o Espírito logo desempenharia na vida deles.

O cerne do ensino de Jesus está contido em seu discurso do Cenáculo, encontrado nos capítulos 13–17 do Evangelho de João. Aqui, pela primeira vez, Jesus se referiu ao Espírito Santo com um nome pessoal único: *Paráclito*. Nenhuma palavra é abrangente o suficiente para compreender o significado completo dessa palavra grega,[1] então, os estudiosos da Bíblia usam várias palavras (por exemplo, "Consolador" [ARA]; "Encorajador" [NVT]; "Conselheiro" [NVI]; "Auxiliador" [NTLH]) ao traduzi-la. Em seu ensinamento, Jesus deixou claro que o *Paráclito* é distinto dele mesmo. Embora estivesse indo embora, Jesus disse aos seus discípulos que o *Paráclito*, que é "outro advogado", viria para estar com eles para sempre (cf. 14:16). Ao mesmo tempo, porém, o *Paráclito* é inseparável de Jesus. Embora não sejam iguais, existe uma rela-

---

[1] Adaptei parte do material deste capítulo do meu livro *The Unseen Real*. Franklin: Seedbed, 2016. p. 122-24.

ção única e indivisível entre eles. Por exemplo, Jesus disse aos seus discípulos: "Quando vier o [*Paráclito*], que eu enviarei a vocês da parte do Pai [...] ele testemunhará *a meu respeito*" (15:26). Ele também disse: "Ele [o *Paráclito*] me glorificará, porque receberá do que é meu e o anunciará a vocês" (cf. 16:14). E antes ele insistiu: "O Espírito da verdade. [...] Vocês, porém, o conhecem, pois ele vive com vocês e estará em vocês. Não os deixarei órfãos; *voltarei para vocês*" (14:17-18).

O estudioso do Novo Testamento Raymond Brown incluiu um estudo meticuloso de dez páginas sobre o significado do *Paráclito* em seu comentário ao Evangelho de João em dois volumes. Ele concluiu que, quando Jesus chamou o Espírito Santo de *Paráclito*, ele quis dizer "o Espírito Santo em um papel especial, a saber, como a *presença pessoal de Jesus no cristão enquanto Jesus está com o Pai.*"[2] Por intermédio do Espírito Santo, o *Paráclito*, estamos unidos ao nosso Senhor ressurreto. Jesus está no céu, à direita do Pai e, pelo Espírito Santo, está presente em nós! Ao considerar o que aconteceu no dia de Pentecostes, podemos facilmente ficar preocupados com o vento, o fogo e o falar em línguas — os três sinais externos presentes quando o Espírito Santo foi derramado sobre aqueles que estavam reunidos no Cenáculo (cf. Atos 2:1-4). No entanto, acima de tudo, quando o Espírito Santo foi derramado sobre os discípulos, a presença pessoal do Cristo ressuscitado veio habitar neles e permanecer com eles.

---

[2] Raymond Brown. *The Gospel according to John*, XIII—XXI. Garden City: Doubleday, 1970. p. 1139, ênfase acrescentada.

Ao descrever o que aconteceu no dia de Pentecostes, o grande professor e expositor da Bíblia G. Campbell Morgan (1863-1945) escreveu:

> Então, o que havia de novo como resultado da vinda do Espírito? De modo compreensível, por aquela influência do Espírito, estes [homens e mulheres], discípulos, amigos, servos [...] foram de fato feitos, embora de maneira mística, um com ele no fato de sua própria vida. Foram feitos participantes da vida de Cristo. Eles nunca tinham sido assim antes [...].
>
> Quando o Espírito veio, sua vida real passou para a vida deles [...]. Meia hora depois do Pentecoste eles sabiam mais sobre Jesus Cristo do que jamais souberam [...].
>
> Eles não eram mais seus servos? Certamente seus servos, porém não mais enviados por ele, mas, sim, os instrumentos de sua vinda. As mãos deles tornaram-se suas mãos para tocar [outros] com ternura; seus pés, os pés de Jesus para executar tarefas rápidas do amor de Deus; seus olhos, os olhos de Jesus, ardendo com sua ternura; eles mesmos são parte do corpo de Jesus.[3]

Quando o Espírito Santo desceu sobre esses crentes primitivos, o próprio Jesus — o Jesus ressuscitado e ascendido aos céus, sentado à direita do Pai — tornou-se vivo neles. Por intermédio do Espírito Santo eles estavam agora ligados à pessoa de Jesus, ao seu caráter e ao seu ministério. É por isso que várias

---

[3] G. Campbell Morgan. *The Acts of the Apostles*. Nova York: Revell, 1924. p. 30-32.

vezes no Novo Testamento o Espírito Santo é referido como o Espírito de Cristo (cf. Atos 16:7; Gálatas 4:6; 1Pedro 1:11). Sua própria vida estava neles, tanto que Paulo pode dizer: "Já não sou eu quem vive, mas Cristo vive em mim" (cf. Gálatas 2:20). E, porque o próprio Cristo estava neles, eles estavam sendo conformados à sua própria imagem e semelhança (cf. Romanos 8:29). Por meio do Espírito Santo, o *caráter* de Jesus era formado neles. E, pelo Espírito, o ministério de Jesus também continuava por intermédio deles. Eles não eram mais servos meramente separados por ele e comissionados para o ministério. Em vez disso, como disse Morgan, se tornaram "os instrumentos de sua própria marcha." Pela manifestação do Espírito Santo, Jesus — ressuscitado, elevado e assentado à direita de Deus — agora realizava seu *ministério* por intermédio deles. Por intermédio deles, Jesus continuava a pregar, ensinar e *curar*.

Consideremos a obra do Espírito Santo ao nos conectar tanto ao caráter de Jesus quanto ao ministério de Jesus, em especial no que se refere ao ministério de cura.

O fruto do Espírito e o caráter de Jesus

Em Gálatas 5:16-26, o apóstolo Paulo comparou as obras pecaminosas da carne com o fruto que o Espírito Santo produz em nós: "Entretanto, o fruto do Espírito é amor, alegria, paz, paciência, amabilidade, bondade, fidelidade, mansidão e domínio próprio [...]" (Gálatas 5:22-23). De acordo com John Stott, esse conjunto de nove virtudes morais parece retratar de modo abrangente a atitude de um cristão em relação a Deus (amor, alegria, paz), aos outros (paciência, bondade, generosidade) e a si mesmo (fidelidade, gentileza e autocontrole).[4] Acima de tudo, pintam um retrato belo e abrangente da semelhança com Cristo. Como observou o estudioso do Novo Testamento Gordon Fee: "A natureza essencial do fruto é a reprodução da vida de Cristo na vida do crente."[5] Da mesma forma, de acordo com Craig Keener, "O fruto do Espírito é o caráter do Espírito do Filho de Deus vivendo em nós."[6]

Geralmente associamos o ministério de cura aos *dons* do Espírito, não ao *fruto* do Espírito. Todavia, antes de discutirmos o papel vital que os dons espirituais desempenham na cura, deixe-me dizer-lhe por que o fruto do Espírito, ou o crescimento no caráter semelhante ao de Cristo, é tão importante na vida daqueles que estão envolvidos no ministério de cura.

No Sermão do Monte, Jesus enfatizou

> Os olhos são a lâmpada do corpo. Portanto, se os seus olhos forem bons, todo o seu corpo estará cheio de luz. Mas, se os seus olhos forem maus, todo o seu corpo estará cheio de trevas. Portanto, se a luz que está dentro de você são trevas, quão grandes trevas são! (Mateus 6:22-23).

Segundo Jesus, a nossa visão e discernimento espirituais, bem como a nossa capacidade de discernir e compreender,

---

[4] John R. W. Stott.. *The Message of Galatians*. Londres: InterVarsity Press, 1968. p. 148.
[5] Gordon Fee. *Paul, the Spirit, and the People of God*. Peabody: Hendrickson, 1996. p. 114.
[6] Craig S. Keener. *Galatians*. Cambridge: Cambridge University Press, 2018. p. 260.

dependem de um olho "saudável" e "cheio de luz". Olhos pouco saudáveis, que são uma mistura de luz e escuridão, resultam em visão turva, embaçada e opaca.

Muito do que acontece no ministério de cura depende da nossa capacidade de ver. Quando compreendermos e discernirmos adequadamente as verdadeiras necessidades de alguém, saberemos como orar por essa pessoa. É por isso que o crescimento e a maturidade do caráter cristão em nós, pelo crescimento e amadurecimento do fruto do Espírito, são tão vitais. Quanto mais luz e menos escuridão houver em nós, mais integrados como pessoa e menos divididos internamente estaremos e melhor poderemos compreender e perceber as necessidades de cura dos outros.

Thomas à Kempis, o escritor do grande clássico cristão *A imitação de Cristo*, expressou o conceito assim: "Quanto mais nos tornarmos um com [nós mesmos], e simples de coração, mais e mais profundos serão os assuntos e sem esforço compreenderemos, porque [receberemos] a luz do entendimento do alto."[7] É o que acontece quando o fruto do Espírito amadurece em nós e crescemos até a maturidade em Cristo. Quanto mais únicos e indivisos formos, mais fácil será ouvir a voz de Cristo, discernir a sua vontade e penetrar com a sua visão no coração dos outros.

Também nos tornaremos pessoas em quem outras poderão confiar e com quem se sentirão confortáveis. Quanto mais o fruto do Espírito amadurecer em nós, mais contentes e menos

---

[7] Thomas à Kempis. *The Imitation of Christ* [*A imitação de Cristo*, texto integral. Col. A obra-prima de cada autor, v. 55. São Paulo: Martin Claret, 2001], trans. E. M. Blaiklock. Londres: Hodder & Stoughton, 1979. p. 26.

Quanto mais o fruto do Espírito amadurecer em nós, mais contentes e menos ansiosos ficaremos, e mais seguras e protegidas as pessoas ao nosso redor se sentirão.

ansiosos ficaremos, e mais seguras e protegidas as pessoas ao nosso redor se sentirão. Quanto mais somos transformados à semelhança de Cristo, mais eles serão atraídos para a presença tranquila de Jesus que habita em nós. E isso — por si só — pode ser profundamente curativo.

Os dons do Espírito e o ministério de Jesus

O Espírito Santo tem a missão de nos tornar mais semelhantes a Jesus e fazer que o seu caráter seja profundamente formado em nós. Contudo, o Espírito Santo também tem a missão de nos atrair para o *ministério* contínuo de Jesus. Isso acontece pela transmissão dos dons do Espírito Santo em nós.

Muito tem sido escrito sobre dons espirituais nos últimos cinquenta anos.[8] Definidos de maneira simples, os dons espirituais são capacidades especiais para o serviço cristão, concedidos pelo Espírito Santo, por meio dos quais Jesus trabalha para fortalecer, edificar e capacitar o seu corpo, a igreja. No Novo Testamento há quatro passagens-chave — todas encontradas nas cartas de Paulo — nas quais vários dons do Espírito são listados (cf. Romanos 12:6-8; 1Coríntios 12:8-10; 12:28-31; Efésios 4:7-12). Na verdade, os dons mencionados nessas passagens pretendem ser representativos, não exaustivos. Em nenhum lugar Paulo tenta compilar uma lista completa de todos os

---

[8] Aqui estão três livros sobre dons espirituais que considero especialmente úteis: Kenneth C. Kinghorn. *The New Testament Gifts of the Holy Spirit*. Lexington: Emeth, 2005; Sam Storms. *Understanding Spiritual Gifts: A Comprehensive Guide*. Grand Rapids: Zondervan Reflective, 2020; e C. Peter Wagner. *Your Spiritual Gifts Can Help Your Church Grow*. Grand Rapids: Chosen, 2017.

dons dados pelo Espírito Santo. Em cada caso, ele menciona apenas alguns, de acordo com o assunto específico e o foco de sua carta.

Todos os dons são vitais e necessários na vida da igreja. É por isso que Paulo nos exortou da seguinte maneira: "Sigam o amor e *busquem com dedicação* os dons espirituais" (cf. 1Coríntios 14:1). Dos 21 dons mencionados nessas quatro passagens, os seguintes são particularmente importantes para o ministério de cura: profecia (cf. Romanos 12:6; 1Coríntios 12:10,29; Efésios 4:11), encorajamento e misericórdia (cf. Romanos 12:8), palavra de sabedoria e palavra de conhecimento (cf. 1Coríntios 12:8), fé (1Coríntios 12:9), cura (cf. 1Coríntios 12:9,28), operação de milagres (cf. 1Coríntios 12:10,29) e discernimento de espíritos (cf. 1Coríntios 12:10). Às vezes, estes têm sido chamados de "dons de cura do Espírito".

Embora esses dons não estejam definidos no Novo Testamento de maneira explícita, se você ler os vários livros escritos sobre dons espirituais, encontrará definições exploratórias úteis. Kenneth Kinghorn, meu professor de seminário e mais tarde colega docente no Asbury Theological Seminary por muitos anos, ensinou e escreveu vários livros excelentes sobre dons espirituais. Aqui estão as definições que ele ofereceu em *The New Testament Gifts of the Holy Spirit* [Os dons do Espírito Santo do Novo Testamento]:

- Profecia — aplicar a revelação bíblica com clareza e poder como luz e verdade para o presente;

- Encorajamento — confortar e encorajar outros, usando os ministérios de compreensão solidária e conselhos bíblicos para inspirar atitudes e ações corretas;

- Misericórdia — sentir as necessidades dos outros, demonstrar simpatia, mostrar compaixão alegremente e dar conforto;

- Palavra de sabedoria — receber uma iluminação assistida pelo Espírito que permite compreender e compartilhar a mente do Espírito Santo em uma circunstância específica;

- Palavra de conhecimento — conhecer um fato ou circunstância com base na iluminação direta do Espírito Santo;

- Fé — a capacidade dada pelo Espírito de acreditar que, porque Deus é capaz de realizar obras maravilhosas, podemos confiar nele para realizá-las em resposta à oração e à fé;

- Cura — fazer orações de fé que trazem a cura de Deus para corpos, almas e relacionamentos doentes, frágeis ou desordenados;

- Milagres — confiar em Deus para trabalhar de maneira sobrenatural nas pessoas e nas circunstâncias, em especial com cura, libertação de espíritos malignos e livramento de perigos.

- Discernimento de espíritos — sentir se um professor ou uma ação proposta vem de uma fonte divina, de uma fonte humana ou de uma fonte maligna.[9]

Agora, não estou sugerindo que para estar envolvido no ministério de cura você deva ter *todos* esses dons. No entanto, aqueles que são atraídos e estão envolvidos com regularidade no ministério de cura geralmente operam em *alguns* deles. Essa é uma das principais razões pelas quais prefiro me envolver na oração de cura com uma equipe de pessoas (eu e mais uma ou duas pessoas). Os outros membros da equipe muitas vezes têm dons que eu geralmente não tenho e vice-versa. Quando há uma gama mais ampla de dons de cura presentes, como equipe, somos capazes de ministrar a alguém de maneira muito mais frutífera e eficaz.

Como esses dons específicos do Espírito se relacionam com o ministério de cura contínuo de Jesus? Pense assim: os dons de cura do Espírito nos permitem *sentir* com o *coração* de Jesus (misericórdia), *ver* com os *olhos* de Jesus (palavra de sabedoria, palavra de conhecimento, discernimento de espíritos), *falar* com a *boca* de Jesus (profecia, encorajamento, fé) e *tocar* com as *mãos* de Jesus (curas, milagres). Por meio desses dons que o Espírito Santo nos concede conforme ele determina (cf. 1Coríntios 12:11), o Jesus ressuscitado e ascendido ao céu continua o seu ministério de cura para as pessoas na terra.

Devemos, então, orar pela unção do Espírito Santo e a transmissão dos dons de cura do Espírito à medida que ministramos

---

[9] Kinghorn. *New Testament Gifts of the Holy Spirit*. p. 28-51. Usado com permissão.

às pessoas. Sem a unção e o dom do Espírito e sem a dependência dos nossos próprios recursos e capacidades humanas, nunca seremos capazes de realizar a tarefa. O apóstolo Paulo exortou o jovem Timóteo a manter "viva a chama do dom de Deus" que havia recebido (cf. 2Timóteo 1:6). Ore, então, para que os dons que o Espírito concedeu a você sejam reavivados em chamas por causa daqueles que precisam do toque curador de Cristo.

Devemos, também, trabalhar na administração e no desenvolvimento dos dons que recebemos. Na parábola dos talentos contada por Jesus (cf. Mateus 25:14-30; Lucas 19:11-27), foi isso que o mestre elogiou nos dois servos bons e fiéis por terem feito. Eles investiram o que receberam e isso se multiplicou.

Portanto, ao descobrir seus dons espirituais, você deve estudar e aprender tudo o que puder sobre eles, ler livros a respeito, participar de *workshops* e seminários e descobrir as armadilhas associadas aos dons que recebeu. Acima de tudo, procure pessoas com dons semelhantes — especialmente aquelas mais sábias e experientes que você. Pergunte a elas se estariam dispostas a mentoreá-lo.

O Espírito Santo no ministério de Jesus e no nosso

Você está começando a compreender o papel vital e indispensável que o Espírito Santo desempenha no ministério de cura? Sem o Santo Espírito trabalhando em nós, para cultivar frutos e conceder dons, o ministério de cura de Jesus por nosso intermédio não acontecerá. É claro e simples assim.

Na verdade, sem a atuação do Espírito Santo, até Jesus teria sido incapaz de realizar o seu próprio ministério terreno. Ao longo do seu ministério, ele dependeu do Espírito Santo, que desceu sobre ele quando foi batizado no Jordão por João (cf. Lucas 3:21-22) e permaneceu com ele (cf. João 1:33) durante toda a sua vida. É significativo que Jesus não tivesse feito obras poderosas, nem obras de cura, antes da vinda do Espírito Santo sobre ele.

É claro que Jesus teve um relacionamento com o Espírito Santo desde o momento da sua concepção. Nas palavras do Credo Apostólico, ele foi "concebido pelo Espírito Santo." No entanto, algo aconteceu no dia do seu batismo — um enchimento e uma unção do Espírito — que fez que esse relacionamento se aprofundasse e se expandisse. O falecido teólogo Colin Gunton sugeriu que Jesus "entrou numa nova forma de relacionamento com o Espírito."[10] Consequentemente, Jesus, cheio do Espírito Santo, foi capaz de vencer a tentação no deserto (cf. Lucas 4:1-13) e depois sair para pregar, ensinar e curar com autoridade e poder. Como declarou na sinagoga de Nazaré, sua cidade natal, nas palavras do profeta Isaías: "O Espírito do Senhor está sobre mim, porque ele me ungiu para levar boas-novas aos pobres [...] proclamar liberdade aos presos e recuperação da vista aos cegos [...]" (Lucas 4:18).

Mais tarde, o apóstolo Pedro, ao pregar aos gentios na casa de Cornélio, enfatizaria "como Deus ungiu Jesus de Nazaré com o Espírito Santo e com poder e como [Jesus] andou por toda parte

---

[10] Colin Gunton. *The Promise of the Trinity*. Edinburgo: T&T Clark, 1991. p. 37.

para fazer o bem e curar todos os oprimidos pelo Diabo, porque Deus estava com ele" (Atos 10:38). Simplesmente não há como explicar o ministério de cura de Jesus sem o seu relacionamento com o Espírito Santo.

Essa premissa é válida para os líderes da igreja apostólica. O Cristo ressuscitado os instruiu a esperar pelo derramamento do prometido Espírito Santo (cf. Lucas 24:49; Atos 1:4-8) antes de tentarem se envolver em seu trabalho. Dez dias depois, no dia de Pentecostes, todos foram "cheios do Espírito Santo" (cf. Atos 2:4) e começaram a ministrar com ousadia, poder e autoridade para curar. Ao longo de Atos, Lucas descreveu vários líderes da igreja como sendo cheios do Espírito Santo (cf. 4:8; 6:3,5; 7:55; 9:17; 11:24; 13:9), como se fosse um requisito essencial para ministério. Naturalmente, isso levanta a questão: Se era um requisito essencial para eles, não o é também para nós?

O que significa ser cheio do Espírito Santo? Embora seja uma metáfora espacial, ser cheio do Espírito não está relacionado ao espaço — como encher um copo com água. Em essência, essa metáfora descreve uma forma mais profunda de relacionamento com o Espírito Santo caracterizada pela entrega e pelo abandono ao Espírito, que aprofunda e expande o nosso amor por Deus e pelos outros. É claro que todos os cristãos têm um relacionamento com o Espírito Santo. Na conversão, eles recebem o dom do Espírito Santo (cf. Atos 2:38) e nascem do Espírito (cf. João 3:5-8). No entanto, o Espírito Santo, embora presente em todos os cristãos, não é preeminente. Embora *resida* em todos, o Espírito não é *presidente*. É por isso que Paulo exorta aqueles que já foram "selados" e têm um relacionamento com

Simplesmente não há como explicar o ministério de Jesus sem o seu relacionamento com o Espírito Santo.

o Espírito (cf. Efésios 1:13) a serem cheios do Espírito Santo (cf. Efésios 5:18). Quando isso acontece, somos atraídos tanto para o caráter de Jesus (fruto do Espírito) quanto para o ministério de Jesus (dons do Espírito) de uma forma mais profunda, mais rica, mais poderosa e mais expansiva.

Seja cheio do Espírito

Concluo este livro com um convite para você ser cheio do Espírito. Muitas pessoas que conheci e muitas que escreveram sobre cura também enfatizam a necessidade de ser cheio do Espírito. Na verdade, muitas vezes apontam para a sua própria experiência mais profunda da plenitude do Espírito como o ponto em que começaram a experimentar uma paixão e uma unção para o ministério de cura que nunca tinham conhecido antes.

Nunca vou me esquecer de quando isso aconteceu em minha vida. Eu tinha quase 30 anos e estava em um ponto em que cada vez mais me sentia insatisfeito com o nível de produtividade e poder que experimentava no ministério. Outros poderiam ter pensado que eu estava indo muito bem, já que era professor de Teologia no Asbury Theological Seminary. Entretanto, eu não estava satisfeito. Muitas vezes, me senti incapaz de "fazer o trabalho" de ministrar aos outros, de modo a trazê-los à presença de Cristo.

Na época, além de lecionar no seminário, eu pastoreava uma pequena igreja rural aos finais de semana. Certo domingo, eu voltava para casa depois de liderar o culto, muito desanimado e derrotado. De repente comecei a chorar. "Jesus," gritei, "tem de haver mais do que isto! Quero saber mais sobre ti — mais sobre teu caráter e mais sobre teu ministério. Quero realmente saber o que significa fazer parceria contigo conforme ministras aos outros por meu intermédio."

Na minha angústia, o Senhor veio e me encorajou. "Steve," ele sussurrou, "você é como o piloto de um pequeno avião de dois lugares tentando decolar. Você coloca o avião a alguns metros do chão, mas depois ele engasga, perde potência e cai de volta na pista. Mas não desista — continue. Não desanime. Eu quero fazer mais por você. Steve, vou ensiná-lo a voar e um dia você voará alto como uma águia."

Cerca de um ano depois, o que Jesus me disse naquele domingo começou a se tornar realidade. Ele me tirou da pista e comecei a aprender a voar. Desde então, tenho experimentado um nível de aventura, poder e produtividade no ministério que nunca havia conhecido antes. Tornou-se cada vez menos sobre o meu ministério e cada vez mais, por meio do Espírito Santo, sobre juntar-me a Jesus em seu ministério. Foi isso que me levou ao ministério de cura.

Na última década, tenho descoberto mais sobre "voar alto como uma águia." Estou aprendendo que, como uma águia, apenas preciso abrir as asas — e não batê-las —, e o vento do Espírito me levantará e fará o resto. Estou aprendendo a levantar-me e a ministrar a partir do descanso dele, que é muito mais poderoso do que o nosso trabalho.

Se Jesus chama você para se juntar a ele em seu ministério de cura, ele quer enchê-lo com o Espírito Santo e ungi-lo para que possa realizar o ministério dele por seu intermédio. Neste momento, porém, ele pode estar chamando você a fazer o que os discípulos fizeram antes do Pentecoste — esperar e se dedicar à oração até que você seja revestido de poder do alto.

O grande missionário E. Stanley Jones disse muitas vezes que, "a menos que o Espírito Santo encha, o espírito humano falha."[11] Talvez, como eu, alguns dos seus recentes fracassos em seus esforços para servir a Cristo o tenham tornado dolorosamente consciente disso. Como nunca, você percebe que sem o Espírito Santo nunca será capaz de se juntar a Jesus no ministério de cura para o qual ele está o chamando. Assim como os discípulos, então, você precisa esperar. Precisa pedir ao Cristo ressuscitado e ascendido para enviar o Espírito Santo sobre você e enchê-lo. Se é assim, não tenha pressa. Dedique-se à oração. Encontre outras pessoas que irão orar com você. Ande em obediência. Esquadrinhe seu coração. Ao orar, peça a Jesus para aumentar três coisas em você.

Primeiro, peça-lhe que aumente o seu *desejo* por mais dele e mais da plenitude do Espírito Santo. "Antes de podermos ser cheios do Espírito," escreveu A. W. Tozer, "*o desejo de ser cheio deve consumir tudo* [...] O grau de plenitude em qualquer vida está perfeitamente de acordo com a intensidade do verdadeiro desejo. Temos tanto de Deus quanto realmente desejamos."[12]

---

[11] Citado por John Akers, John Armstrong e John Woodbridge. *This We Believe*. Grand Rapids: Zondervan, 2000. p. 147.
[12] A. W. Tozer. *The Divine Conquest*. Old Tappan: Revell, 1950. p. 124, ênfase no original.

Ao falar sobre o Espírito, o próprio Jesus disse: "Quem tem sede, venha a mim e beba" (cf. João 7:37). Peça ao Senhor Jesus para deixá-lo com sede, aumentando seu desejo por mais do Espírito Santo.

Segundo, peça a Jesus para aumentar a sua vontade de se render e renunciar ao próprio controle. Richard Neuhaus estava certo: "É a nossa determinação de sermos independentes, estar no controle, que nos torna indisponíveis para Deus."[13] Para experimentar mais da presença do Espírito em nossa vida, precisamos renunciar a áreas nas quais insistimos em ser "independentes para estar no controle". Onde em sua vida o eu precisa ser destronado e Cristo entronizado? E você tem áreas de mágoa e dor não curadas em sua vida, nas quais se apega à raiva, à amargura e à falta de perdão? Peça ao Senhor para esvaziá-lo de qualquer coisa que impeça o Espírito Santo de estar no controle. Peça a ele para aumentar sua vontade de entregar tudo a ele.

Terceiro, peça a Jesus para aumentar a sua fé na promessa dele e na promessa do Pai celestial de lhe dar o Espírito Santo. Jesus descreveu essa promessa do Pai quando disse: "Portanto, se vocês, apesar de serem maus, sabem dar boas coisas aos seus filhos, quanto mais o Pai que está nos céus dará o Espírito Santo aos que lhe pedirem!" (Lucas 11:13). Ao pedir-lhe que nos encha com o seu Espírito Santo, podemos ter certeza de que o Pai quer dar mais do que queremos receber. O Pai dará o Espírito Santo a quem lhe pedir. Não precisamos superar sua mesquinhez ou relutância em

---

[13] Richard J. Neuhaus. *Death on a Friday Afternoon*. Nova York: Basic Books, 2000. p. 90.

nos encher com o Espírito. Somente precisamos nos apegar à sua disposição de dar.

E a vontade de Cristo, o Filho, também! Ele mesmo disse aos discípulos: "É para o bem de vocês que eu vou. Se eu não for, o Conselheiro não virá para vocês" (cf. João 16:7). "Eu envio a vocês a promessa do meu Pai [...]" (Lucas 24:49). Quando Jesus ascendeu, ele foi exaltado ao lugar onde se juntou ao Pai no envio do Espírito Santo. Como Pedro declarou em seu sermão de Pentecoste: "Exaltado à direita de Deus, ele recebeu do Pai o Espírito Santo prometido e derramou o que vocês agora veem e ouvem" (Atos 2:33).

O coração do Pai anseia que você experimente a pessoa, o poder e a presença do Espírito Santo. E o Filho, por meio de sua vida, morte, ressurreição e ascensão, realizou tudo o que era necessário para que isso acontecesse. Peça que a sua fé e confiança na promessa do Pai e do Filho de derramar o Espírito sobre você aumentem. Cumpra suas promessas.

Dedique-se à oração como fizeram os discípulos. Peça ao Cristo ascendido para enviar o Espírito Santo sobre você para que possa se juntar a ele na participação em seu ministério de cura. Peça-lhe para intensificar o seu desejo, aprofundar a sua entrega e aumentar a sua fé.

Persevere em oração. Clame como Jacó fez, enquanto lutava a noite toda com o anjo: "Não te deixarei ir, a não ser que me abençoes" (cf. Gênesis 32:26). Você pode ter certeza de que o Senhor Jesus o abençoará se você fizer isso. Ele lhe dará o Espírito Santo. Ele irá abençoá-lo para que, ao realizar o ministério de cura dele por seu intermédio, você se torne verdadeiramente uma bênção para os outros.

Este livro foi impresso pela Santa Marta para
a Thomas Nelson Brasil em 2024. O papel
do miolo é pólen bold 70 g/m² e o da capa é
cartão 250 g/m².